함께라서 좋은 세상

함께라서 좋은 세상

초판 1쇄 발행 2013년 5월 3일

지은이 안양시부흥종합사회복지관
펴낸이 전용준
펴낸곳 보아스

주소 서울시 마포구 성산1동 629-14번지
전화 02-332-1238
팩스 02-335-1238
이메일 boazbook@naver.com

ISBN 978-89-98406-01-1 93330

더 나은 세상을 꿈꾸는 사회복지사들의 이야기

함께라서 좋은 세상

Social Welfare

안양시부흥종합사회복지관 지음

보아스
BOAZ

"사례관리란 무엇입니까?"

저는 여전히 이 질문에 고민하지 않을 수 없습니다. 사례관리의 개념은 연구하는 학자마다 다르고 정의 또한 매우 다양합니다. 사회복지학의 이론적 배경이나 사례관리를 바라보는 관점에 따라 차이가 있기 때문입니다.

"사례관리가 무엇이라고 생각합니까?"

"제가 만나고 있는 사람과 관계 맺고 함께 성장하는 과정이라고 생각합니다."

사회복지사 초년생인 제가 지금까지 배우고 경험한 것을 바탕으로 말할 수 있는 답이지만, 이 답의 내용이 사례관리에서 중요한 부분을 이야기한다고 생각합니다.

우리가 흔히 알고 있는 사례관리의 과정(의뢰→접수→사정→계획→계약→개입→점검→평가→종결)은 매우 중요합니다. 사례관리를 할 때 자신이 만나는 대상자에게 전문적인 개입을 하기 위해서라도 반드시 필요한 과정입니다. 하지만 그중 사례관리자가 놓치지 말아야 할 것은 '사람과의 관계'입니다.

2008년부터 지역사회복지관이 가져야 할 사례관리의 역할을 다하기 위해 다양한 방향으로 고민하고 노력해온 안양시부흥종합사회복지관(이하 '부흥복지관')의 시작과 함께 저도 2008년도에 입사하여 지역복지사업을 하면서 다양한 사례관리를 접하게 되었습니다.

처음에는 우리 지역에 거주하시는 고령 어르신들의 안녕安寧을 살피는 것이었습니다. 가족이 없거나 가족과 단절되어 관계가 전혀 없는 어르신이 잘 계신지 안부를 묻고 확인하는 것이었지만 많은 어르신을 사회복지사 한 명이 만나기가 쉽지 않았습니다. 그래서 사회복지사를 도와줄 수 있는 봉사자를 구해 '1:1 결연 맺기'를 시작했습니다.

봉사자와 함께 어르신께 전화 연락을 하는 '사랑의 안부전화'는 처음부터 잘 진행되었습니다. 봉사자의 일지를 확인하면서 어르신의 생활에 대해 간접적으로 알게 되고 봉사자의 고충까지 들으면서 전화 중심의 사례관리가 자리 잡게 되었습니다.

그다음은 방문 중심의 사례관리였습니다. 전화로 하는 사례관리는 한계점이 있었습니다. 고령의 어르신 대부분이 휴대전화 이용을 잘하지 못하시고 노화로 인해 약해진 청력 등의 상황으로 방문을 할 수밖에 없는 상황이었습니다. 그래서 사회복지사가 복지관의 고유 업무와 병행이 가능한 사례case 수를 정하고 어르신과 만나기로 했습니다.

어르신들의 경우 문제해결이나 기능향상을 위한 개입보다는 건강이 더 이상 악화되지 않도록 건강 유지가 잘 되고 계신지, 식사는 잘하시는지, 약은 잘 챙겨 드시는지에 대해 확인을 합니다. 사회복지사가 되어 처음 어르신을 만나고 기록하는 과정이 신기하기도 했고 앞으로 잘 해야 한다는 사명감을 갖는 계기였습니다.

하지만 2009년부터 아동통합사례관리가 시작되면서 관련 자료를 보다가 고민을 하게 되었습니다. 동료의 통합사례관리를 보면 정말 도와주지 않으면 쓰러져 가는 집에서 생활해야 하는 경우도 있었으며, 환경이 너무 열악하여 집에 있는 물건을 모두 정리해야 하는 경우도 있었습니다. 이러한 사례를 보니 지금 어르신들과 사례관리 계약은 했지만 어르신이 원하고 해결될 만한 욕구를 발견한 것이 아니었습니다. 그저 어르신들의 안부를 확인하고, 생활도우미는 잘 오는지, 활동은 잘 하고 계신지 등을 확인하는 정도에 지나지 않아 지금 하고 있는 사례관리가 맞는지 의문이 들었습니다.

지금은 당연히 사례관리라고 말할 수 있지만 그때는 답답함과 열등감을 느끼며 목표를 세워 하나씩 해결하는 과정의 사례관리를 하고 싶다는 생각이 들기도 했습니다.

지역사회보호사업 안에서 사례관리를 할 수 있다는 것을 느끼고 시작하면서 자부심도 있었는데, 처음 열린 사례세미나에서 슈퍼바이저로부터 어르신들의 안부를 확인하는 과정은 사례관리로 보기 어렵다는 응답을 들었을 때는 많이 혼란스러웠습니다. 그럴 때마다 부흥복지관만의 사례관리모형은 사례관리자의 혼란스러움을 정리할 수 있는 기반이 되었습니다. 또한 다른 기관의 사례관리모형을 빌린 것이 아니라 부흥복지관만의 사례관리모형을 갖고 있다는 자부심도 생겼습니다.

2011년도에 처음 접한 무한돌봄사례관리(네트워크 기관의 자원연계 중심의 사례관리)는 부흥복지관이 그동안 추구했던 사례관리 방향과는 많이 달라 사례관리자로서 그 차이를 좁히는데 1년의 시간이 걸렸습니다. 지금은 차이를 좁히는 것에서 더 나아가 무한돌봄사례관리가 우리 기관의 사례관리모형의 한 모델로 새롭게 추가되면서 공공기관과 민간기관의 연합사례관리가 자리를 잡아가는 과정은 잊을 수 없습니다.

2012년도에도 사례관리는 부흥복지관에서 중요하게 생각하는 사업 중 하나였습니다. 그동안의 직원교육, 스터디 활동, 지역 내 자원 찾는 활동 등이 밑바탕이 되어 직원들은 자신이 맡은 사례가 잘 되도록 노력하는 모습은 지속되었습니다. 하지만 가장 중요한 점을 놓치고 있었다는 것을 깨닫는 시기였기도 합니다. 그것은 바로

'기록'이었습니다.

그간의 과정들은 사례회의를 준비하면서 남아 있었고 매년 사례집을 발행했지만 사례관리자들이 만났던 아동, 청소년, 가족, 어르신과의 관계가 있었던 '이야기'가 빠져 있었던 것입니다. 바로 '사람 사는 이야기'였습니다.

부흥복지관의 사례관리에 대한 관심과 노력, 과정은 아직 끝나지 않았습니다. 앞으로도 부흥복지관의 사례관리자가 풀어나갈 사례 이야기는 어려운 사람들의 문제를 함께 해결하는 과정뿐 아니라 문제를 극복하기 위해 노력하는 대상자가 자신의 강점을 찾는 이야기, 현실은 변하지 않았지만 그래도 살아갈 만하다고 생각을 전환하는 이야기 등 대상자와 많은 과정을 함께 그려 나갈 것입니다.

무엇보다도 관계를 통한 좋은 '만남'이 있고 '이야기'가 풍성한 부흥복지관이 될 수 있도록 노력할 것입니다.

저자들을 대표하여

— 김란희 **사회복지사**

부흥복지관의 이훈 관장과 김란희 팀장이 두꺼운 종이뭉치를 갖고 연구실로 들어섰을 때 좀 의아했습니다. '업무보고서가 아닌 것 같은데?'

자세히 보니 '하나의 원고'였습니다. '바쁘기로 소문난 사회복지사들이 어떻게 이만한 글을 쓸 수가 있었을까? 무엇을 이야기하고 싶었을까?'라는 생각이 저절로 들었습니다.

봄 햇살이 따뜻하게 들어오는 방에서 원고를 보고 있자니 마치 드라마의 한 장면이 연출되는 것 같았습니다. 16년 전 '미국에서는 이런 것을 하는데 좋다'라는 문헌들을 토대로 '사례관리 무작정 따라하기'를 시작하고 어디 물어볼 곳도 마땅히 없어 우리끼리 묻고 답하면서 좌충우돌하던 기억들이 떠올라 가슴이 찌릿해 왔습니다. 지금도 사회복지사들은 '저희가 하고 있는 게 사례관리 맞나요?' 라는 질문을 합니다. '그럼요'라고 대답하며 불안한 눈빛들을 달랠 때가 많습니다.

이 책은 사례관리사업, 조직사업, 지역사회보호 성격의 사업에 '부흥복지관 사례관리모델'을 적용해 사례관리 중심으로 진행했던 이야기와 복지관을 이용하는 사람들과 관계를 맺어온 6년간의 이야기를 담고 있습니다.

자원의 체계적인 관리와 공공 및 민간기관 간의 연계를 통해 포괄적 통합서비스로 발전되어가는 과정, 사례관리의 효율성을 위해 내부조직을 개편한 이야기, 스스로 질문하고 답하기를 반복하면서 해결책을 찾는 모습, 학습동아리를 만들어 실천과 연구를 병행하면서 우리 동네에 맞는 서비스 모형을 만들어온 이야기, 그리고 그러한 과정에 생기를 불어넣고 살을 채워준 클라이언트들과의 만남 등이 알차게 들어있습니다.

저자들은 사례관리는 '관계'라고 말하고 있습니다. 일반적으로 사례관리는 목표, 체계, 원칙, 네트워크, 평가 등의 개념으로 설명됩니다. 이름 자체가 갖고 있는 관료적인 이미지도 무시할 수 없지요. 공공사례관리의 확대로 인해 사회복지와 이용자 간의 거리가 매우 가까워진 것은 다행스러운 일이지만 성과에 대한 부담으로 '책상 앞의' 서비스가 되어가는 것이 슬픈 현실입니다.

사례관리자들은 클라이언트의 생활을 살피고, 이야기하고, 느끼고, 그 속내를 알게 되어야 비로소 사례관리가 시작되었다고 합니다. 전문가의 위치에서 출발하였으나 점차 이용자의 자리로 옮겨가게 되었을 때 진정한 사례관리가 시작된다는 말입니다.

'관계'는 진정어린 시간이 쌓여 만들어지는 작품입니다. 우리는 실제로 클라이언트에게서 많은 것을 배우고 또 그분들로 인해 자신을 채워갑니다. 이것이 사례관리가 지속될 수 있게 만드는 힘이 아닐까 합니다.

사례관리에 대한 많은 교육과 이론서들이 있습니다. 그래도 해결되지 않는 갈증을 채워줄 수 있는 무엇이 필요한 시점이라 더욱 반가운 책입니다.

이 책은 '함께 사는 사례관리'를 만들려는 꿈을 갖고 그 답을 찾아가고 있는 사례관리자들의 이야기입니다. 생소하지 않을 이야기들을 가치로 엮어낸 기록의 힘을 다시금 확인하면서 시행착오도 거침없이 드러내놓는 저자들의 배짱(?)이 우리에게 힘을 줄 수 있을 것이라고 생각됩니다. 책의 마지막 부분에 실린 부흥복지관 관장의 에필로그는 책 읽기를 마친 독자에게 드리는 선물이 아닐까 합니다.

— 유명이 **대림대학교 사회복지과 교수**

| 차례 |

프롤로그 … 6

추천의 글 … 11

 1장 더 나은 '사례관리'를 위한 발자취

1. 지역주민과 관계를 맺는 복지사업을 고민하다 ~2007년 … 18

2. 사례관리의 시작, 베스트 파트너 2008년 … 20

3. 사회복지사를 위한 사례관리모형을 개발하다 2009년 … 24

4. 사례관리를 시작한 사회복지사의 고민 이야기 2010년 … 29

5. 사례관리모형의 수정과 의미 있는 결과 2011년 … 33

6. 새로운 틀의 사례관리 기초를 다지다 2012년 … 38

7. 앞으로의 사례관리 방향 2013년 … 43

 2장 사회복지사가 만난 '사람 사는 이야기'

1. 후원물품 잘 나누기 … 46

2. 할머니, 할아버지와의 신나는 수다 … 51

3. 공부방에서 만난 아이들 … 61

4. 어제와 오늘, 오늘과 내일이 다른 청소년 … 72

5. 김씨 아주머니의 소원 … 81

6. 까까머리 소년 … 103

7. 민철이와 함께한 1년 … 114

8. 조금은 특별한 만남 … 127

에필로그 … 136

부록 … 139

일러두기

• '사회복지사'를 업무 내용에 따라 다르게 부르는 경우가 있어 책에서는 사례관리자, (복지관) 직원으로 표기하기도 했습니다. 하지만 호칭만 다를 뿐 '사회복지사'로 생각하면 됩니다. 마찬가지로 '대상자'도 내용에 따라 클라이언트, 당사자, 이용자로 표기했지만 호칭만 다르다고 생각하면 됩니다.

• '2장 사회복지사가 만난 사람 사는 이야기'에 나오는 클라이언트의 이름은 필명입니다.

• 책 제목은 『 』, 신문은 《 》로 표기를 통일했습니다.

1장
더 나은 '사례관리'를 위한 발자취

Social Welfare

이번 장은 2012년 2월에 낸 『지역사회복지관의 사례관리 실천사례』 내용을 재
구성하고 2012년도 활동내용을 추가했습니다.

지역주민과 관계를 맺는 복지사업을 고민하다 ~2007년

부흥복지관은 1993년 개관 때부터 보건복지부 사회복지관 운영 지침에 따라 가족복지, 교육문화, 지역사회보호, 지역사회조직, 자활사업을 중심으로 주민에게 사회복지서비스를 '제공'했습니다. 말 그대로 '제공'입니다.

'제공提供'은 타동사로 '(사람이나 단체가 다른 사람이나 단체에게) 갖고 있다가 내놓거나 대주어 도움이 되게 하다'라는 사전적 의미를 갖고 있는데 부흥복지관은 지역주민에게 사회복지자원을 사전적 의미의 '제공'을 하는 사람들이 모여 있는 곳으로 인식되던 시기였습니다.

시간이 지나면서 부흥복지관은 사례관리 중심, 즉 지역주민과 관계를 맺고 진행하는 사회복지사업을 진행하고 싶었습니다. 또한 해가 바뀔수록 사례관리의 필요성이 점점 요구되면서 당사자를 둘러싼 지역사회환경과 사회적 자원을 연계하는 등 유관기관과의 네트워크를 통해 해결하고자 노력했습니다.

그러나 사례관리실천의 기준이 되는 모형이 부재했으며 복지관 및 사례관리자의 특성에 따라 좌지우지되는 현실과 사례관리에 대한 인식이 부족하고 담당인력의 기관업무 과중, 예산부족, 기관장의 적극성 부족, 유관기관 간의 협조체계 미흡 등으로 사회복지사가 사례관리 중심으로 사회복지사업을 하기란 매우 어려운 시기였습니다.

사례관리의 시작,
베스트 파트너 2008년

2008년도부터 부흥복지관은 기관 중심의 서비스 제공에서 벗어나 대상자 중심의 사례관리의 중요성을 인식하고 지역사회 내에서 좀 더 체계적이고 통합적인 사례관리를 위한 토대를 마련하기 위해 움직였습니다.

첫 번째, 복지관에서 제공하는 서비스 이용자의 전수조사를 실시해 각 영역에서 제공되는 서비스의 중복방지를 목적으로 전산자료를 구축했습니다.

두 번째, 사례관리 수행에 적합한 조직을 구성했습니다. 사례관리 지원을 위한 자원봉사자 발굴, 자원개발 등의 지역사회조직 사업을 중심으로 하는 복지기획팀과 사례관리(서비스 연계 중심)와 직

부흥복지관 조직도(2008년)

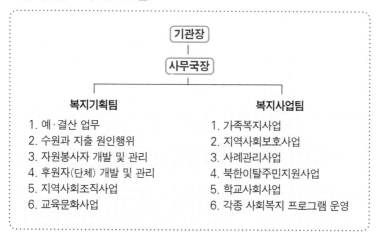

접서비스 제공을 중심으로 하는 복지사업팀으로 구성했습니다.

세 번째, 더불어 사는 마을을 만들기 위한 지역사회조직(자원개발)사업을 추진했습니다. 복지기획팀에서는 '베스트 파트너Best Partner'라는 사업으로 지역의 자원을 찾기로 하고 주변의 기업들을 찾아가 기업봉사단 연계, 후원 연계 등을 제안하여 성과를 만들었습니다. 또한 음식점, 미용실, 식당가를 돌며 지역에서 '나눔'을 위해 할 수 있는 일이 단지 '돈'뿐이 아니라는 것을 알리기도 했습니다. 냉담하고 무관심한 시선을 보이는 곳도 있었지만 한 곳, 두 곳 방문하면서 인사를 하고 좋은 뜻을 함께 나누고자 주선하는 과정 속에서 도움의 손길을 선뜻 내밀어 주신 곳도 있었습니다. 이러한 시도는 사회복지사에게는 물론 우리 기관에도 새로운 바람을

일으키는 시간이 되었습니다.

사회복지사가 발품을 팔고 지역에 도움을 주선한 결과 지역의 빵집, 고깃집, 분식집 등에서 긍정적인 움직임이 서서히 보이기 시

2008년 '베스트 파트너' 업체 모집을 위한 홍보지

우리 지역의 자원개발을 향한 첫 발자국

우리 지역의 Best Partner가 되어 주세요^^

Best Partner란
우리 지역의 사진관, 베이커리, 교회, 미용실, 가게, 학원, 병원 등
부흥복지관을 통해 복지참여활동을 하고 있는 귀 사업장이
소중한 파트너임을 알리는 마크입니다.

지역의 빵집에서는요...^^
수급권자 및 저소득 가정의 어르신, 아동에게
제과제빵 기술을 통해 파트너가 되실 수 있습니다.
사업장의 잉여식품을 방과 후 공부방 간식, 푸드뱅크,
푸드마켓으로 보내 지역사회에 공헌활동을 하실 수 있습니다.
또한 복지관의 특별행사 시 물질과 노력으로
후원하여 주시면 감사하겠습니다.

부담 없이 전화하세요~^^	담당자가 찾아가요~	Best Partner 등록
담당자: ○○○ 주임 ○○○ 사회복지사 ○○○ 사회복지사 연락처: 031-○○○-○○○○	전화문의 후, 담당자가 사업장을 ▶ 방문하여 Best Partner에 대해 더욱 자세히 알려드립니다.	• 회원기관 사업장에 현판 부착 • 파트너로서 후원영수증 발급 • 기관 마을신문 등에 사업장 홍보

귀 사업장을 부흥사회복지관에서 소중한 파트너로 모십니다.
많은 관심과 참여 부탁드립니다.^^

안양시부흥종합사회복지관

22

작했습니다. 많은 곳은 아니었지만 우리 지역에 따뜻한 기운의 불씨가 되어 주신 아주 고마운 분들이었습니다. 첫 결실은 부흥복지관 건너편 상가에 있는 '돈가스 情(정)'이었습니다. 이름만큼 사장님의 정을 듬뿍 느낄 수 있었습니다. 메뉴에 어르신도 좋아하는 해물순두부 등 얼큰한 국물 음식도 있어 대접받는 지역 어르신이 매우 좋아하셨던 모습이 아직도 눈에 선합니다. 가게 사장님은 일주일에 한 번씩 지역 어르신의 생신상을 차려 주셔서 가족과 관계가 단절된 어르신의 차가운 마음을 따뜻한 한 끼 식사로 만져 주셨습니다.

이러한 고마운 마음을 전할 수 있도록 작은 현판을 제작해 가게에 붙여 드리고 지역주민으로 구성된 기자단이 만든 《안양평촌마을신문》에 소개했습니다. 이것을 시작으로 부흥복지관은 조금씩 힘을 얻어 지역에 이러한 사업을 주선하는 일에 더 노력하고자 더 많은 회사를 방문했습니다.

'베스트 파트너' 제1호 매장 '돈가스 정'과 '베스트 파트너' 현판 사진

사회복지사를 위한
사례관리모형을 개발하다 2009년

2009년부터 안양시는 보건복지부의 드림스타트(사회복지 전문인력이 저소득층 가정의 0세에서 12세 자녀를 대상으로 건강, 교육[보육], 복지 등 3개 분야에 통합한 맞춤형 서비스를 제공하는 것) 시범사업(안양 9동 등 일부 지역)을 안양시 전 지역으로 확대해 민간 중심의 엑셀스타트 사업(저소득 위기가정 아동의 빈곤 대물림을 방지함과 동시에 평등한 출발점의 기회를 제공하여 아동의 역량강화를 위한 서비스를 제공하는 사업)을 시작했습니다.

부흥복지관은 그동안 준비해왔던 사례관리사업을 체계적으로 정리해 기관의 실정에 맞는 사례관리를 추진했습니다. 하지만 시작하기에 앞서 지역복지관 사례관리모형의 필요함을 느꼈습니다.

부흥복지관 2009년 사례관리모형

구분	단순모델 Basic Model	집중모델 Focus Model	통합모델 Comprehensive Model
목적	서비스 중복 방지 자원 및 서비스 연계	자원 및 서비스 연계 상담 및 점검	직·간접서비스 제공 서비스 점검과 관리
기능	서비스 중복 방지	사회적 돌봄사업	개인별 맞춤 서비스 서비스 계획·점검·평가
역할	중재, 상담, 점검	중재, 상담, 교육, 옹호	중재, 상담, 교육, 관리
전문성	재가복지사업	지역사회보호사업	사례관리사업
사례 수	100~300건	10~30건	10건 이내
대상	사회복지 서비스 신청자	돌봄 의뢰자	통합관리 의뢰자
접근방법	대상자 기초자료 (data base) 활용	일상생활수행척도	생태·체계적 접근
활용인력	자원봉사자, 사회복지사	유급봉사자, 사회복지사	사회복지사, 사례관리자

사례관리가 지역복지관에 이슈가 되고 확산되기 전까지는 정신보건이나 장애인생활시설의 치료·재활 목적인 사례관리의 과정을 토대로 진행되는 바람에 아직까지 지역복지관에서 사례관리에 대한 역할이 구체적이지 못해 혼란을 가져왔기 때문입니다.

부흥복지관은 황성철 교수님의 한국적사례관리모형(단순, 기본, 종합, 전문 관리)을 기초로 다양한 사례관리기능과 실행방법 그리고 조직차원의 변수를 종합적으로 고려해 부흥복지관 사례관리모형을 개발했습니다.

단순모델은 법적보호구분(기초생활보장수급자, 차상위계층, 한부모가정, 장애인 등)이 있는 지역주민을 대상으로 후원물품과 사회복지서비스 등의 중복제공을 방지하면서 대상자 모두에게 사회복지 서비스를 골고루 제공한다는 목적으로 진행되었습니다. 이를 위해 복지관 내부로 들어온 자원의 관리와 제공된 자원을 전산화하여 관리하는 것이 중요했습니다.

업무수행으로는 단순사례회의를 거쳐 서비스가 필요한 대상자를 선정하고, 형평성과 효율성 있게 자원을 나누도록 체계를 세웠습니다. 회의를 통한 대상자 선정, 배분, 결과(신청 사업일 경우)의 과정을 거쳐 단순모델 사례관리가 진행되었습니다.

집중모델은 사회적 돌봄이 필요한 대상자(장애인, 고령의 노인, 조손가정, 한부모가정, 소년소녀가장세대 등)에게 부족한 가족 및 사회적 기능을 보완해 잔존기능 유지와 향상, 안부확인 등을 목적으로 진행되었습니다. 사회복지사가 모든 대상자를 만나고 계획하고 점검할 수 없는 한계를 감안하여 자원봉사자, 요양보호사, 활동보조인이 전하는 직접서비스를 주기적으로 점검하면서 안부를 확인했습니다. 본문 끝 '부록'에 '집중사례관리 초기면접'의 사례를 넣었습니다(140쪽).

통합모델은 사회복지 욕구가 있는 대상자와 이를 둘러싼 체계(가정, 지역사회)를 대상으로 사례관리자가 초기상담과 사정을 통해 사회복지서비스를 계획·수립하고 직·간접적으로 제공하며, 월 단위로 정기적인 사례회의를 통해 분야별 모니터링과 사례관리과정의 집단슈퍼비전을 실시했습니다. 하지만 월 1회 정기사례회의는

정기사례회의

쉽지 않았습니다.

사례관리에 적합한 조직은 구성했지만 각자 고유 업무로 인해 자신이 맡은 대상자를 만나고 관계를 주선하는 것은 우선순위에서 밀려나기 일쑤였습니다. 또한 발제자료를 만들어야 하고, 그 달에 진행한 내용이 미비하면 사례회의 날짜가 다가오는 것에 대해 사례관리자들은 몹시 심적으로 큰 부담감에 시달려야 했습니다. 특히 사회초년생이 많았던 부흥복지관은 사례관리 실천 경험이 많은 선배들이 부족해서 혼자 고민하는 경우가 많았습니다.

오랜 시간 동안 고민하고 시행착오를 겪으며 실천한 결과는 어느덧 성과로 나타났습니다. 부흥복지관 사례관리모형을 엑셀스타트 사업에 적용한 실천 임상사례를 갖고 엑셀스타트 사업추진위원회와 함께 2009년 10월 연성대학교(구舊 안양과학대학)에서 200여 명의 내·외빈과 사회복지분야 교수, 종사자, 학생 등을 초대해 사례관리 세미나(경인여대 등 다수의 학교에서 강의 중인 슈퍼바이저 조현순

'부흥복지관 사례관리모형' 발표회(2009년도 한국사회복지관협회 세미나)
및 『사례관리 실천사례집』

교수 참여)를 개최했으며, 한국사회복지관협회 세미나에서 사례관리모형 소개를 통해 사회복지 실천분야에서 모델의 검증활동도 병행하는 작지만 큰 성과를 거둘 수 있었습니다.

사례관리를 시작한
사회복지사의 고민 이야기 2010년

사례관리의 기초를 다지기 시작하고 모형을 세워 진행한 지 만 2년이 지난 후, 전 직원이 1인당 하나의 사례 이상의 사례관리를 시작했습니다. 하지만 사례관리자와 복지관은 사례관리 실행의 어려운 점들과 복지관 실정이 맞지 않는 부분을 발견했습니다.

방대한 양의 단순모델 사례관리 대상자의 전산자료를 지속적으로 업데이트하고 관리하는 것은 물론 여전히 많은 업무량에다 매월 통합사례회의를 위한 준비로 업무시간을 소진하는 사회복지사가 늘어났습니다.

더욱 문제가 된 것은 직원의 퇴사와 입사로 사례관리모형의 이해가 떨어지는 것이었습니다. 또한 사례관리자가 대상자를 만나고 지역사회를 찾아다니며 함께 할 수 있는 관계의 기반을 마련하는 것이 아니라 많은 서류작업으로 업무시간이 소진되는 경우가 빈번해진 것입니다.

이 시기에 경기도에서는 경기복지재단 내 무한돌봄센터를 개소했고 경기도 시군구에서도 센터를 설치했습니다. 무한돌봄센터는 어려움에 처한 경기도민에게 맞춤형 복지서비스를 제공하는 사회복지전달체계로서, 지역 내 공공·민간 사회복지기관들이 통합·연계하여 사례관리를 추진하는 기관으로 경기도 30개 시·군에 설치되어 운영 중입니다. 안양시에는 시 센터를 중심으로 (시로부터 위탁받은) 4개의 네트워크팀(비산, 부흥, 호계, 율목)이 운영되고 있습니다.

2010년 10월, 안양시에 센터가 개소되면서 부흥복지관의 사례관리 방향에 변화를 맞게 되었습니다. 사례관리를 위해 복지사업팀장을 무한돌봄사업 전담사례관리자로 겸직발령하고 사업팀원들과 업무지원팀을 결합한 프로젝트 사례관리팀을 구성, 가족 중심의 통합사례관리를 위한 조직을 새롭게 구성했습니다.

안양시무한돌봄센터 부흥네트워크팀 수탁운영으로 사례관리 예산(연간 4천만 원)과 전담인력이 확보되었으며, 기존 복지관 사례관리모형과 결합해 사례관리사업을 기대할 수 있었습니다. 하지만 무한돌봄사업(공공 중심 사례관리) 매뉴얼과 복지관 사례관리(민간 중심 사례관리) 매뉴얼이 융합하여 시너지 효과를 발휘하기 위해서

부흥네트워크팀 조직도

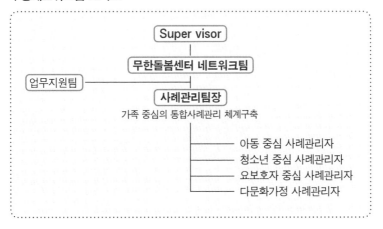

는 시간이 필요했습니다. 그중 가장 문제가 된 것은 사례관리 실적이었습니다.

무한돌봄 한 명의 사례관리자가 지원해야 하는 집중사례관리 수가 예상보다 많은 100건 이상에 이르는 것이었습니다. 그동안 우리가 지향한 사례 수(25쪽의 '부흥복지관 2009년 사례관리모형' 참조)는 연간 10여 명이었습니다. 하지만 무한돌봄 사례는 각 동 주민센터를 통해 매월 5~10건의 사례가 주기적으로 의뢰되었으며 기존 사례 수와 의뢰된 사례 수가 더해지면서 한 명의 사례관리자가 감당하기 어렵게 되었습니다.

부흥복지관은 고민에 빠졌습니다. 무한돌봄사업의 안정적인 지원예산을 포기하고 부흥복지관이 세운 사례관리모형에 따라 사례관리 기반을 구축해 나갈지 말입니다. 또한 우리 기관이 지나치게

31

이상적인 사례관리를 실천하려던 것은 아닌지에 대한 고민, 사례관리와 기존의 업무를 병행하면서 오는 과중한 업무로 소진되는 사회복지사의 업무 조절이라는 과제도 생겼습니다.

사례관리모형의 수정과
의미 있는 결과 2011년

앞서 경험한 사례관리의 실천적 고민을 바탕으로 사례관리모형의 부분적인 보완을 계획했습니다.

첫 번째, 사례관리유형의 용어를 다시 정립定立했습니다. 기존 황성철 교수님의 한국적 사례관리모형을 인용해 모델을 정의하면서 발생한 영문표기의 혼란을 바로 잡았습니다.

기존 영문(Basic, Focus, Comprehensive Model) 표기가 우리말 표기(단순, 집중, 통합)를 설명하는데 부족해서 해당 모델의 이해가 떨어진다고 판단했습니다. 그래서 다음과 같이 영문표기를 변경했습니다.

부흥복지관의 사례관리모형 영문 표기 수정 전후

모델 유형	기존 표기	변경 표기	내용
단순사례관리	Basic	Resource	자원 연계, 서비스 중복 방지
집중사례관리	Focus	Care	요보호 대상자 및 결연대상 근황 관리
(추가)	·	Network	(무한돌봄) 다多기관 협력 사례관리
통합사례관리	Comprehensive	Case	공공서비스 외 지역자원 활용한 개입 당사자와 사례관리자의 협력 중요

두 번째, 사례관리모형에 네트워크Network 모델을 추가했습니다. 연간 100여 건의 사례관리를 수행해야 하는 무한돌봄사례관리는 개인(또는 가구)별 맞춤 사례관리를 지향하지만 한 명의 사례관리자가 100여 건의 사례를 담당하는 것이 가능한가라는 고민이 있었습니다. 또한 2011년부터 무한돌봄 사례발굴과 배분, 네트워크 사례회의를 하면서 공공부조와 민간기관이 개발한 사회복지자원을 연결해주는 방식이 부흥복지관이 추구하는 통합사례관리Case Management*와는 다른 면이 많았습니다.

이를 보완하기 위해 지역사회 내 민관民官의 다양한 사회복지자원을 연계해주는 활동에 중점을 두고 다多기관 중심 서비스연계모형 사례관리를 추가했습니다.

마지막으로 사례관리의 중요성을 제고提高시키기 위한 학습모임

---

* 부흥복지관이 추구하는 사례관리는 가족구성원이 필요로 하는 지역사회자원을 활용해 당사자와 지역사회가 함께 복지를 이루도록 꾸준히 돕는 활동입니다. 사회복지 전문이론을 바탕으로 개입하며, 서비스 개별화와 자기결정권을 지향하고 있습니다.

사례관리 학습동아리 활동

을 경기복지재단 학습동아리 지원사업의 예산을 지원받아 구성했습니다(대표 백미영 선임사회복지사).** 기존 직원교육과는 별도로 사례관리 개입이론(강점관점, 위기개입, 과제중심, 문제해결 모델) 중 관심이 있는 분야를 선정하여 학습과 함께 사례관리를 병행했습니다.

사례 스터디를 시작하기에 앞서 직원 두 명씩 짝을 지어 어떠한 개입이론이 있는지 조사하고 각 이론에 대해 먼저 공부하는 시간을 가졌습니다.

직장에서 사례 스터디를 처음 접한 직원들은 초반에 스터디를 하러 기관 밖으로 나서는 것조차 어색하게 여겼습니다. 그러나 얼마 지나지 않아 4개의 이론이 정해지고 짝을 이룬 두 명이 공부를 하고 발표를 시작하는 스터디는 자리를 잡게 되었습니다.

** 경기복지재단 지원으로 2011년 부흥복지관 사회복지사들로 구성된 학습동아리입니다. 팀별로 사회복지 전문개입이론을 학습하고 이를 기반으로 사례관리를 실천하고 토론하는 과정을 거칩니다. 같은 해 12월에 실시한 학습동아리 사업평가에서 우수사례로 선정되었습니다.

처음에는 고민이 많았습니다. 사회복지사의 역량 강화를 위해 진행되고 있는 사례를 각 이론에 접목하여 사례에 접근하는 것이 윤리적으로 괜찮은가에 대한 의문이 들었습니다. 하지만 사회복지사가 전문성을 가지기 위한 조건(① 사회복지에 대한 철학, ② 사회복지 이론에 근거한 개입[접근], ③ 사회복지사의 스킬[노하우]) 중 이론에 근거한 개입을 할 때에 당사자가 더 신뢰할 수 있는 사례관리자로서 접근할 수 있다는 생각을 갖게 되었고, 이를 위해 '공부하는 사회복지사'가 되자는 의견에 우리 사례관리자들은 함께 공부하고 의논하는 시간을 아끼지 않았습니다.

그 결과, 경기복지재단 지원사업의 우수동아리로 선정되어 동아리 구성의 대표인 백미영 선임사회복지사는 동아리 성과발표에서 우리 동아리의 활동과 효과, 앞으로의 발전사항 등을 발표하는 자리를 갖게 되었습니다.

사례관리 학습동아리 활동 후, 개별 평가 _ 사례관리 동아리 평가

- 김연미 사회복지사 팀별로 개입모델을 정해 공부하고 실제 반영하면서 모델에 대해 자세히 알 수 있었고 현실에서 부딪치는 한계도 알게 되어 유익했습니다.
- 김란희 사회복지사 직원들과 의논하고 공부할 수 있는 시간을 지원해주셔서 감사합니다. 사례관리를 하면서 부딪치는 일이 많은데 이번 기회를 통해 더 공부하고 발전하는 시간이 되었습니다.

마지막으로 비공식적 프로젝트 사례관리팀을 공식화하는 조직 개편을 단행했습니다. 그리하여 사례관리를 지원하고 더불어 사는 마을을 알리는 홍보 등을 주관하는 복지기획팀과 복지관이 보유한 자원을 활용해 사회복지서비스를 직·간접적으로 제공하는 프로그램팀, 사례관리를 전담해 복지관 사례관리모형을 적용하고 실천하는 사례관리팀으로 전환하여 사례관리에 적합한 복지관 직제로 개편했습니다. 이렇게 우리는 2012년도 사례관리를 기대하는 마음으로 시작할 수 있었습니다.

부흥복지관 조직도(2011년)

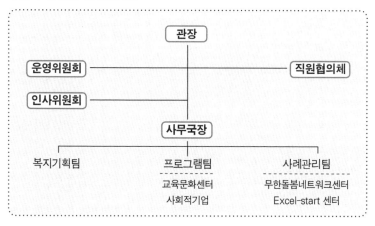

새로운 틀의 사례관리
기초를 다지다 2012년

　사례관리팀이 새롭게 생기면서 3개의 팀으로 2012년을 시작했습니다. 아동(엑셀스타트 사업), 청소년 사례관리 담당자와 성인 사례관리(무한돌봄 사례관리 병행) 담당자, 협력자로서 코워커(방문상담 중심)로 시작한 사례관리팀은 새로운 기대감으로 대상자 케이스파일 정리, 기존 문서 통일화 등 사례관리 기초 다지기에 들어갔습니다.

　부흥복지관의 사례관리 모형 4가지인, ① 리소스 매니지먼트 Resource Management, ② 케어 매니지먼트 Care Management, ③ 네트워크 매니지먼트 Network Management, ④ 케이스 매니지먼트 Case Management를 진행하기 위한 매뉴얼 만들기, 대상자 선정, 회의록 작성 및 보관 등의 업무가 새로 생겨났습니다. 새롭게 생긴 사례관리팀의 활발한 활동을 보여주기 위해서 노력해야 한다는 사명감으로 1분기를 달렸습니다. 그 결과 2012년의 사례관리팀에서는 다음과 같은 성과를 이뤘습니다.

첫째, 케어 매니지먼트Care Management 영역이 활발해졌습니다. 기존 자원개발의 지역사회조직사업과 서비스 연계 중심의 복지사업팀 조직일 때에는 복지사업팀의 아동, 청소년, 성인 각 담당자가 복지관 사업의 고유 업무를 진행하는 중간에 수시 다발적으로 들어오는 외부 신청사업 건으로 업무에 차질이 있었습니다. 하지만 사례관리팀에서 외부 신청사업을 전담해 사례회의 진행과 적합한 대상자 선정, 그리고 신청사업을 제출하면서 체계적으로 업무를 하게 되어 많은 대상자에게 적절한 서비스 연계가 되는 성과를 거두었습니다.

둘째, 네트워크 매니지먼트Network Management 영역인 무한돌봄 사업이 부흥복지관의 사례관리와 공공사례관리가 융합해 시너지 효과를 내는 좋은 시기가 되었습니다. 다多기관 서비스개입 중심의 사례관리였던 무한돌봄 사례관리는 각 네트워크팀으로 통합사례관리사 두 명이 배치되면서 업무 협조를 할 수 있어 한 명이 사례 100건을 맡던 것에서 한 명이 사례 20~30건을 유지하게 되어 양적인 서비스 개입을 유지하면서 질적으로도 향상되는 사례관리를 하게 되었습니다.

물론 모든 네크워크팀에 같은 업무 시스템을 적용한 것은 아니었지만 시범으로 실시한 업무 변화는 부흥네트워크팀에 좋은 사례관리 방향을 제시하게 되었습니다.

마지막으로 새로운 사례세미나의 시도입니다. '안양시 3개 복지관 연합 사례세미나(부흥복지관, 비산사회복지관, 율목종합사회복지관이 2009년부터 매해 함께 진행하는 세미나)'가 4회째를 맞는 2012년도에는 다시 부흥복지관이 주관을 하게 되었습니다.

기존 사례세미나는 사례관리의 흐름에 따라 개입한 과정을 설명하고 변화한 것을 발표한 다음, 외부 슈퍼비전을 받는 형식으로 진

안양시무한돌봄센터 부흥네트워크팀의 업무 변화

8개동 사례대상자 관리
• 1인 80~100사례
• 네트워크팀 사례관리자 주 진행
  : 사례관리자 부재 시 시 센터 요청
• 사례관리 전 동에 대한 사례관리 실시

주간/월간/분기 보고
• 네트워크팀의 행정
  전반적인 부분 담당
• 사례관리 전 동에 대한
  사례관리 실시

방문/과정기록/의뢰
• 과도한 사례 수로 인한 행정적인 부담
• 실질적이고 심도 있는 사례관리 미진행

**부흥
네트워크팀**

3명의 사례관리자
• 1인 20~30사례
• 주 사례관리자와 부 사례관리자
  : 사례관리자 부재 시 대처 가능
• 각 담당 동에 대한 사례관리 실시

수시사례회의 및 과정회의
• 월 1회 과정회의를 통한
  전 사례에 대한 공유
• 수시사례회의를 통한 사례에 대한
  빠른 개입
• 체계적인 업무 공유(회의록 작성 등)

방문/과정기록/의뢰
• 각 담당 동에 대한 방문 및 과정기록
  작성
• 실질적이고 체계적인 사례관리 가능
• 대상자별 월 1회 이상 사례회의 진행

행되었습니다. 하지만 세미나에 온 사람들이 다른 기관의 사례관리를 들을 때에 지루함을 느끼고 알아들을 수 없는 전문용어 사용으로 딱딱하고 어렵게 느껴지는 사례세미나가 아닌 누구나 알아듣기 쉽고 사례관리를 이해하기 쉽게 풀어나가는 과정을 알리고 싶었습니다.

3개 복지관 실무자가 모여서 수차례 회의를 걸친 끝에 '제4회 안양시 3개 복지관 연합 사례 세미나'를 '러브 액츄얼리 인 안양Love Actually in Yanyang'이라는 제목으로 각 복지관에서 사례관리를 좀 더 특색 있게 준비해 소극장에서 토크쇼 형식으로 보여주기로 결정했습니다. 그래서 부흥복지관은 사회극으로, 비산사회복지관은 영상으로, 율목종합사회복지관은 성우를 통해 듣는 라디오 극장으로 진행했습니다. 부흥복지관은 성결대학교 소시오드라마팀 '소세지'와 협력하여 사회극을 만들었습니다. 1년 동안 진행된 사례를

부흥복지관의 사회극

20분이라는 짧은 시간 동안 하나의 극으로 표현하기가 쉽지 않았습니다. 하지만 사례관리자의 고민과 그동안의 노력을 담기 위해 극본을 집필하고 연습을 수도 없이 반복했습니다.

처음 하는 시도여서 어려움도 많았고 준비과정도 미흡했지만 새로운 시도였던 만큼 직원들의 역량 향상은 물론 안양지역의 사례관리가 한 번 더 발전할 수 있는 시간이 되었습니다.

앞으로의 사례관리 방향 2013년

2008년부터 시작한 전수조사, 지역에 도움을 주선하고 연계하는 과정, 공부하는 사회복지사 되기, 사례관리모형 계발 등 부흥복지 관에서는 지역사회복지관이 사례관리를 잘 할 수 있는 기반을 만들기 위해 노력했습니다. 그동안의 과정을 겪어 오면서 사례관리자는 생각했습니다.

'사례관리를 더 잘 하는 방법은 무엇이 있을까?'

'사례관리의 절차를 준수하면 사례관리를 잘 하는 것일까?'

'나의 상담 기술 능력을 향상시키면 될까?'

물론 정답은 없습니다. 다만 그 어떠한 상담기술능력과 좋은 모델보다는 우리가 만나는 사람과의 관계 형성으로 시작된 신뢰가 가장 중요하다는 것을 깨달았습니다.

　사회복지에서 말하는 라포Rapport: 두 사람 사이의 공감적인 인간관계, 또는 그 친밀도 형성은 어떻게 보면 쉽게 이야기하고 지나갈 수 있는 부분이기도 했습니다. 사례관리자가 당사자와 라포 형성을 뒤로한 채 문제를 사정하고 개입하는데 급급했을 수도 있습니다. 하지만 당사자와 사례관리자의 관계 형성이야말로 사례관리에서 가장 중요한 단계가 아닐까 생각합니다.

　그래서 2013년 부흥복지관의 사례관리는 당사자와 사례관리자의 관계가 토대가 되는 방향으로 진행해보고자 합니다. 또한 그동안 만나 인사를 여쭙고 안부가 오고갔던 순간을 기록으로 남겨 우리 동네에 누가 어떻게 살아가고 있었는지, 어떤 모습으로 우리와 함께 하고 있었는지, 그리고 정성스러운 사례관리가 될 수 있도록 노력하는 시간을 갖고자 합니다.

2장
사회복지사가 만난 '사람 사는 이야기'

Social Welfare

후원물품 잘 나누기

♥ LG복지재단의 저소득 독거노인 생필품 지원 사업

　새해, 연말, 명절을 맞이해 소외된 이웃과 함께 후원물품을 나누려는 기업이나 재단이 많아지고 있습니다. 그럴 때마다 부흥복지관에서는 후원물품을 전할 대상을 선택하기 위해 고민하게 됩니다. 그 이유는 후원물품을 받은 집 주변의 아주머니, 할머니, 할아버지께서 당신은 받지 못했다며 서운하다는 말씀을 하시기 때문입니다.

　부흥복지관이 위치한 곳은 영구임대아파트 단지로 저소득 가정이 다른 복지관에 비해 많이 모여 살고 있습니다. 이 때문에 한정된 수량의 물품이 들어오면 후원물품 담당자는 고민에 빠집니다.

2012 전수 - 리소스 매니지먼트Resource Management 클라이언트 D/B

연번	동	호	이름	주민등록번호	세대주	세대유형	지역사회보호사업			경제적 지원 서비스			외부지원 서비스
							수지침	이미용	작십자	구정선물	추석선물	주거비지원	
20	309					장애인				2010		2009	
21	309												
22	309					독거노인	2012			2011			2009
23	309					장애인	2012	2012		2011			
24	309					조손			2012				
25	309					일반수급							
26	309												
27	309									2010			2012 KT&G 쌀
28	309												
29	309					독거노인				2010			
30	309												
31	309					장애인		2012	2012	2011			
32	309					일반수급							
33	309					독거노인	2012	2012		2011			
34	309					독거노인		2012	2012	2011			2010 LG 생활품
35	309							2012					
36	309							2012					
37	309					독거노인				2010			
38	309												
39	309												
40	309					장애인				2010			
41	309												
42	309					장애인							
43	309					장애인				2010			
44	309					장애인				2011			
45	309												
46	309					일반수급				2010			2012 KT&G 쌀
47	309												
48	309					일반수급		2012		2010			2012 KT&G 쌀
49	309												
50	309					독거노인				2009			
51	309												

  2008년 전수조사를 시작으로 부흥복지관은 489세대에 대한 정보를 전산화하기 시작했습니다. 집집마다 방문해 누가 어떻게 살고 계시는지 알아보는 시간을 가졌습니다. 시간이 지나면서 돌아가시기도 하고 이사를 가기도 해 변동사항이 생길 때마다 자료를 지속적으로 업데이트했습니다.

  지역주민이 복지관 프로그램 중 어떤 것을 이용하고, 어떤 자원을 받고 있는지 입력해서 서비스 중복 방지, 특히 복지관의 후원물품을 나눌 때 중복해서 받지 않도록 주의를 기울였습니다. 또한 대상자 선정회의 때 회의에 참석한 여러 사회복지사의 의견을 반영해 결정하기도 했습니다.

2012년 11월, LG복지재단에서 후원물품 지원사업을 위한 대상자를 선정해달라는 요청을 받게 되었습니다. 부흥복지관에서는 어느 때와 다름없이 사례관리팀, 경로식당 담당자가 모여 회의를 했습니다.

재단에서 제시한 조건과 맞는 지역주민을 나누고 2009, 2010, 2011년도에 같은 사업 또는 유사한 사업으로 후원물품을 받았던 분들을 제외하면서 명단을 조정하기 시작했습니다. 그렇게 해서 작성된 명단에 따라 물품을 나누고 배분이 끝난 어느 날, 한 할머니께서 복지관으로 찾아 오셨습니다.

"선생님, 난 여기 이사를 온 지 10년이 넘었는데, 복지관에서 빵하나 받은 것이 없어."

"어르신, 오셨어요? 다리도 아프신데 2층까지 오시느라 힘드셨죠? 이쪽에 앉으세요. 따뜻한 차 좀 드릴게요."

"옆집 할머니는 쌀도 받고 저것도 받았는데… 나는 왜 안 줘?"

할머니에게 차를 건넨 후, 그동안 정리해놓은 자료를 찾아 봤습니다. 그동안 경로식당에서 식사도 하시고, 수지침 서비스를 이용하시는 할머니였습니다.

할머니는 당신이 받았던 서비스나 물품을 기억하기보다는 '이번에 내가 받지 못한 것이 서운하다'라는 표현을 하셨다는 생각을 하면서 그동안 받으신 물품내역을 확인하고 이해를 돕기 위한 설명을 시작했습니다.

"할머니, 여기 계시는 동네 어르신들에게 다 드릴 수 있으면 저희도 너무 좋죠. 그런데 물건이 딱 17개밖에 없었어요. 그래서 지난번에 받지 못했던 어르신들에게 드린 거예요. 우리 할머니께서 그 부분은 이해해주셨으면 좋겠는데…."

물론 모든 어르신이 이해를 하시며 발걸음을 돌리시는 건 아니었습니다. 설명을 이해하지 못하시는 분들도 계시고, 그래도 서운하다는 분들도 계십니다. 하지만 복지관에서 어르신들의 이해를 돕는 것조차 하지 않는다면 서로의 관계가 깨질 수도 있는 것입니다.

많은 라면을 후원물품으로 받은 적이 있었습니다. 예전 같았으면 '라면은 다 좋아 하실 거야'라고 생각하고 일방적으로 라면을 배분했을 것입니다. 하지만 당사자의 욕구, 선택권의 중요성을 복지관 내부에서 지속적으로 인식하고 사업을 기획했기 때문에 사례관리팀도 일방적인 물품 배분을 피했습니다.

당사자에게 전화를 하여 후원물품의 종류를 알리고 원하시는지 여부를 파악하면서 욕구를 확인하기도 했습니다. 생각보다 많은 분이 자신보다 더 어려운 사람에게 전해달라고 하셨습니다. 그동안 '우리가 잘못 생각한 것이 있었구나'라는 생각을 했습니다.

후원물품을 나누는 것이 왜 사례관리인지 되묻는 사람들도 있습니다. 하지만 모든 사례 대상자가 심각한 고민거리를 갖고 복지관을 방문하지 않습니다. 때로는 먹을 쌀이 없어서, 난방을 하지 못해서 고민하는 사람도 있습니다. 그 당사자는 지금 바로 필요한 딱

한 가지의 도움만을 원하고, 그래서 복지관을 찾는 사람들입니다. 이렇게 복합적이지 않은 욕구를 해결하기 위해 부흥복지관은 리소스 매니지먼트Resource Management 모델을 활용하여 당사자와 관계를 맺고 있는 것입니다.

할머니, 할아버지와의
신나는 수다

미흡했던 시작

남들보다 조금 늦게 사례관리를 시작했습니다. 경로식당 어르신과 이야기를 나누는 것이 저의 '임무'였습니다. 원래 취지는 장기간 경로식당을 이용하시지 않는 어르신들에게 연락해 나오시지 않는 이유를 파악하고 식사는 어떻게 하고 계시는지 등의 안부를 묻는 것이었습니다. 그 주 또는 한 달 동안 식사를 하지 않으신 어르신들께 일주일에 한 번씩 전화를 했습니다. 그중 가장 기억에 남는 어르신들이 있습니다. 그 어르신들과의 에피소드를 전해드리고자 합니다.

♥ 마음을 열다

몇 달 동안 식사를 하지 않으셔서 처음으로 전화를 드린 어르신이 계셨습니다.

"안녕하세요? 부흥복지관입니다, 어르신. 요즘 식당에 식사하러 안 오세요?"

"명단에서 이름 빼지 마세요. 갈 거예요."

저의 첫마디에 어르신은 이렇게 대답하셨습니다. 저는 순간 당황했습니다. 생각지도 못했던 반응이었지요.

"그런 게 아니고 어르신이 식사하러 오지 않으시는 것이 걱정되어 전화를 드렸습니다."

"아, 그래요? 네, 갈게요."

첫 안부전화는 이렇게 끝이 났습니다. 이후 한 번 더 전화를 드렸을 때에도 행정적인 문제 때문에 자꾸 전화하는 것이면 그냥 명단에서 이름을 빼도 된다며 차갑게 대하셨습니다. 하지만 이렇게 복지관에서 전화드리는 것을 부정적으로 생각하는 어르신의 인식을 바꾸고자 일주일에 한 번씩 전화를 드렸습니다.

결국 어르신은 눈물겨운 저의 노력에 점차 마음을 열어 주셨습니다. 저의 질문에 대답만 짧게 하시던 어르신이 옆집 할머니에게 부흥복지관에서 전화가 왔다며 자랑한 이야기, 다른 노인복지관에서 함께 나들이를 가자며 전화 온 이야기, 아침이면 마을청소를 하고 오후에는 동네 한 바퀴를 돌며 운동을 한 이야기 등 먼저 여쭙지 않아도 제게 말씀해주시는 것이었습니다. 어떤 날은 "선생님, 감사합니다. 언제 한번 만납시다"라는 마무리 말씀으로 저를 행복하게 해주셨습니다.

"명단에서 이름 빼지 마세요"에서 "선생님, 감사합니다. 언제 한번 만납시다"로 바뀌는 순간을 저는 앞으로도 잊지 못할 것입니다.

이렇게 두 달 정도 제게 마음을 열어 주신 어르신을 비롯하여 경로식당을 오랫동안 이용하지 않는 어르신들에게도 안부 겸 연락을 드렸습니다. 그런데 뭔가 허전한 기분이 들었습니다. 오지시 않는 어르신도 중요하지만 현재 식사를 하러 오시는 어르신분들도 궁금했습니다. 알고 보니, 경로식당에 오시는 어르신들은 매일 아침 일찍 오셔서 식사시간 전까지 무료한 시간을 보내고 계셨습니다.

💕 충격적인 사건

식당에 오시는 어르신들과 이야기를 하기 위해 식사시간 30분 전에 무작정 1층으로 내려갔습니다. '도대체 무슨 말을 해야 할까'라는 고민을 하며 수첩에 적은 질문을 보면서 묻고 어르신들의 대답을 적었습니다.

"성함이 어떻게 되세요?"

"식사는 맛있으세요?"

"어디 편찮으신 곳은 없으신가요?"

그랬더니 반응은, "뭘 그렇게 적어요?", "우리 이번에 뭐 해요?", "뭐 줘요?" 등이었습니다.

단지 어르신들께 말벗을 해드리고 싶었는데…. 하지만 말벗이라면서 수첩에 이름과 대화내용을 적으니, 입장을 바꿔 생각해보면 저라도 마음을 열어주지 않겠다는 생각을 하게 되었습니다.

그러던 중 충격적인 사건이 일어났습니다. 한 어르신과 이야기를 나누다가 어르신 성함을 여쭤보았지만 말씀을 해주시지 않으셔서 "제 이름을 잊으시면 안 돼요"라며 이름을 말씀드렸더니, "어차피 곧 있으면 담당자 또 바뀔 텐데 뭐 하러 이름을 외워. 어차피 여긴 자주 바뀌어"라는 말씀을 하시는 것이었습니다. 결국 어르신은 성함을 알려주시지 않은 채 등을 돌리셨습니다. 마음을 굳게 닫고 이야기도 하지 않는 것 같았습니다. 정말 충격적인 사건 같은 일이 눈앞에서 벌어진 것이죠.

마음을 열 틈도 없이 담당자가 바뀌니까 아예 마음을 굳게 닫아버린 것입니다. 하지만 저는 포기하지 않을 것입니다. '시작이 반이다!'라는 말로 힘을 내면서 어르신이 제게 보이신 등을 다시 돌리기 위해 지금도 노력 중입니다.

🐾 우리는 업무를 함께 하는 사이

매일 아침 8시 30분이면 2층에 있는 사무실로 올라오셔서 문이

열리기만을 기다리는 어르신이 계십니다. 경로식당 이름표를 가져가기 위해 부지런히 나오시는 분이시지요. 이름표를 일찍 가져다 놓고 나서 무엇을 하시기에 일찍 오시나 궁금해서 이야기를 시작하기로 했습니다. 처음에는 쳐다보지도 않으셨지만 저는 포기하지 않고 어르신께 다가갔습니다.

매일 어르신께 말을 걸고 이야기를 나누려고 하니까 6개월 정도 지난 후부터는 저를 보시면 먼저 환하게 웃어주셨고, 차츰 지금까지 살아오셨던 이야기, 힘들고 괴로웠던 이야기를 스스럼없이 해주시는 것이었습니다.

어느 날이었습니다. 아침에 출근을 했는데 사무실 열쇠가 없어서 어르신과 함께 의자에 앉아 다른 직원을 기다리고 있었습니다.

'어르신과 무언가를 할 수는 없을까?'

저는 어르신께 낡은 식당 이름표를 함께 새로 만들자고 제안했습니다. 당연히 거절하실 거라는 생각을 하기도 전에 "당연히 해야지" 하시는 것이었지요. 정말 기뻐서 새 이름표를 만들 재료를 당장 구입했습니다.

어르신과 함께 경로식당에서 도란도란 이야기를 나누며 새 이름표를 만들었습니다. 큰 하드보드지에 초록색 테이프로 띠를 두르고 코팅을 한 이름표에 일명 찍찍이를 붙였습니다.

"내가 그거 할 게."

"내가 가위로 자를게."

"내가 붙일게."

모두 이름표를 만들 때 어르신이 제게 하신 말씀입니다. 이렇게 어르신과 이야기를 나누며 이틀 동안 이름표를 완성했습니다. 다음에 또 다른 것을 같이 하자고 말씀드렸더니 어르신도 이번 일이 재미가 있으셨는지 그렇게 하겠다는 약속을 하셨습니다. 저도 복지관의 일을 지역 어르신과 함께 할 수 있다는 것이 신기했습니다.

💜 나의 열렬한 팬

또 다른 어르신과의 첫 만남은 6월에 시작되었습니다. 자원봉사자의 날이라서 식당을 이용하는 어르신들께서 봉사자분들에게 직접 만든 카네이션을 달아 드리는 날이었죠.

식당에는 내려갔지만 누구에게 부탁을 드려야 할지 몰라 우물쭈물하고 있는데 한 어머니께서 "그게 뭐야?" 하며 물으셨습니다. 다행히 그 어머니께 방법을 설명하게 되면서 제 임무를 완수할 수 있었습니다.

그때 우리의 운명적인 만남이 시작되었습니다. 제가 경로식당 이용자에게 관심을 가지는 순간 저와 어머니는 친구가 되었습니다. 저와 눈이 마주치면, "선생님~" 하시며 장난도 치고 수다도 나누는 사이가 되었지요.

어느 날이었습니다. 설 잔치가 있는 날이었는데 윷놀이 예선전을 하기 위해 식당에 내려가 참여자를 접수했습니다. 어머니께서 가장 먼저 접수를 하신다고 했습니다. 그런데 어머니 성함이 갑자기 생각나지 않았습니다. 머뭇머뭇하며 "어머님 성함이…" 하며 은근슬쩍 넘어가려고 했지만, 어머니께서 "내 이름도 몰라!" 하시는 것이었습니다.

너무 죄송한 마음이 들었지만 이 상황을 얼른 넘기려고 "어머니도 제 이름 모르시잖아요"라고 했는데, "내가 왜 몰라? 이·은·빈 선생님!"이라고 말씀하시는 것이었습니다. 이렇게 미안한 순간이 또 있을까요.

다음 날 어머니께서 사무실로 올라와 부흥복지관의 소식지를 둘러보고 계셨습니다. 어제의 미안한 마음에 어머니와 이야기를 하기로 했습니다.

"뭘 그렇게 보고 계세요?"

"응, 저번에 춘천 놀러갔던 게 나왔나 보려고."

"그때 어머니도 춘천에 가셨어요?"

"그럼, 갔었지. 정말 재미있었어. 그래서 그때 발표회를 못 갔잖아."

"발표회라니요?"

"그때 은빈 선생님이 ○○백화점 문화홀에서 애들 발표회 했었잖아."

그 말을 듣자마자 저도 기억이 잘 나지 않는 발표회를 기억하신다는 사실에 너무 놀라 말문이 막혔습니다. 한참이나 지난 일을 기억해주시는 어르신께 감사함과 미안함을 느낀 순간이었습니다.

'나는 어르신의 이름도 기억 못했는데….'

이 어르신은 지금도 저와 함께 눈만 마주쳐도 서로 웃으면서 마음이 통하는 사이입니다.

몇몇 어르신들과 이렇게 몇 달간 나눈 이야기를 통해 혼자 계시거나 가족이 있어도 떨어져서 지내는 어르신들께는 그냥 당신의 이야기를 들어줄 사람이 필요한 것이라는 깨달음을 얻었습니다. 또한 정말 외로우신 존재라고 느꼈습니다. 그래서 어르신들의 외로움을 조금이나마 달래들이고자 아침에 일찍 오는 어르신들만이라도 함께 모여 이야기를 나눌 수 있는 공간이 있으면 좋겠다는 생각이 들었습니다.

💕 만남의 장, '사랑방'

사랑방은 식사시간보다 일찍 나오셔서 무료한 시간을 보내는 어르신들이 주인공입니다. 아침을 거르시거나 아침 겸 점심식사를 하기 위해 오시는 경로식당에서 식사도 하고 이웃과 이야기도 나누는 따뜻한 공간이 되길 바랐습니다.

사랑방을 열기 전에 어르신들이 좋아하시는 것, 식사시간 30분 전부터 즐거운 경로식당이 되기 위해 어르신들이 원하는 프로그램

등을 알기 위해 먼저 어르신들의 이야기를 듣기로 결정하고 이용자 간담회 자리를 마련했습니다. 사랑방을 어르신들이 주도적으로 이끌어가셨으면 하는 바람이 있었습니다. 하지만 생각보다 적극적인 모습을 보여주시지 않으셔서 이용자 간담회는 큰 소득이 없이 끝났습니다.

사랑방을 시작한다고는 했지만 무엇을 할 지 고민이 되었습니다. 그렇게 고민하던 중 윷놀이가 떠올랐습니다. 어르신들이 어떻게 생각하실지 모르기도 하고 싫어하실 수도 있다는 우려감도 들었지만 '그래도 한번 해보자!' 하는 마음에 윷놀이를 하기 전날, 어르신들에게 내일 일찍 오시라고 말씀을 드렸습니다. 하지만 어르신들은 "그런 걸 왜 해?", "재미없어. 안 해!"라며 저를 불안하게 만드셨지요.

그러나 다음 날, 사랑방이 만들어진 첫날에 진행한 윷놀이를 접한 어르신들은 승부욕에 불타올라 식사시간이 되었는데도 윷놀이가 더 중요하다며 식당에 줄을 서지 않으셨습니다. 평소에는 식사시간이 한참 지나서야 나오시는 분들도 윷놀이를 한다고 하니 일찍부터 나오셔서 즐거운 시간을 보내셨습니다. 어르신들이 즐겁게 윷놀이를 하시며 웃는 모습을 보니 그렇게 기쁠 수가 없었습니다. 그동안 무료하게 줄을 서 식사시간을 기다리시던 어르신들의 모습이 스쳐 지나갔습니다.

비록 어르신들이 매번 적극적이지는 않지만 운영이 목적인 '사랑방'이 아니라 어르신들이 서로 친해지고 관계를 맺는 '사랑방'이 되길 바랐습니다.

설날을 맞아 한 백화점 봉사단에서 맛있는 떡과 과일을 후원하고 봉사를 해주셔서 경로식당에서 즐거운 설 잔치를 한 적도 있었습니다. 어르신들께서 즐거워하는 모습을 보니 무엇이든지 함께하고 싶은 마음이 들었습니다. 비록 가족과 함께 하는 명절은 아니었지만 누구보다 가까운 이웃과 함께 명절을 보낼 수 있어서 따뜻한 하루였다고 생각되었습니다.

처음에 말했듯이 경로식당을 이용하는 어르신들과 이야기를 나누는 것이 임무라고 생각했었습니다. 그렇게 생각하니 딱딱해지고 형식적이고 어려운 '일'이 되어 버렸습니다. 하지만 생각을 바꿔 친구 또는 부모님과 이야기하듯 함께 이야기를 나누고 들어주고 공감하니 어느새 즐거운 '수다'가 되었습니다.

이제 어르신들이 저를 알아봐 주시고 함께 웃고 또한 작은 일에도 즐거워하는 모습을 보고 있으면 큰 행복을 느낍니다. 매일 맛있는 음식을 줘서 감사하다며 저의 손을 꼭 붙잡고 인사해주시는 우리 어르신들께 언제나 고맙고 감사합니다.

공부방에서 만난 아이들

🖤 아동? No, No! 악동惡童!

부흥복지관에는 초등학생들을 위한 '방과 후 공부방'이 있습니다. 부모님의 손길이 필요한 나이지만 가정마다 어려운 사정 때문에 방과 후 보호가 필요한 아이들이 다니는 공부방입니다. 매일 오후 2~3시쯤이 되면 아이들이 하나, 둘씩 공부방으로 모여 공부와 숙제를 하고 놀기도 하면서 오후 5시까지 함께 시간을 보냅니다.

이렇게 운영되고 있는 공부방은 A동과 B동에 각각 1곳씩 총 2곳이 있습니다. 출석인원은 모두 21명으로 그 숫자만큼 아이들 한 명 한 명의 특성도 다르고 가정마다의 이야기도 참 다양합니다.

태권소녀 혜수는 할머니와 살고, 다문화 가정인 지민이는 엄마와 어린 동생과 함께 삽니다. 고집쟁이 은수는 동생이 무려 3명! 귀여운 영호는 외국인 엄마와 한국인 아빠 사이에서 태어났지만 집을 나간 엄마는 돌아올 생각이 없는 것 같습니다.

'가지 많은 나무 바람 잘 날 없다'고 하지요. 두 공부방의 분위기가 상반되기도 하지만 10명 정도 모이는 각 공부방은 하루도 조용할 날이 없습니다. 동에 번쩍, 서에 번쩍! 이리 들썩, 저리 들썩! 하하 호호 낄낄 깔깔! 우당탕 탕탕!

공부방을 운영하던 중 2012년부터 부흥복지관 조직이 사례관리 중심으로 변화되면서 공부방 아이들을 집중적으로 살펴보기로 했습니다. 어르신들에게 전화로 안부를 물으며 정서적 지지를 주고 안녕을 확인하듯이, 공부방 생활을 중심으로 아이들의 발달상황을 점검하고 프로그램을 통해 개입하여 아이들이 잘 자라도록 하기 위한 계획이었습니다.

그렇게 처음 시작된 사회적 돌봄 중심의 아동 사례관리 이야기와 부흥복지관 악동들을 위한 1년차 사회복지사의 고민, 노력, 그리고 아이들의 변화과정을 지금부터 여러분과 나누고자 합니다.

♥ 사례관리 시작을 위한 기초 다지기

아동 중심의 사례관리로 첫발을 내딛긴 했지만 무엇부터 해야 할지, 어떻게 진행해야 할지 막막했습니다. 그래서 우선 사례관리

의 방향을 정하기 위해 사례관리의 목적과 목표를 세우기로 하고,
아래의 의문에 대한 답을 고민했습니다.

- 공부방이 해야 할 역할은 뭘까?
- 공부방에서 아이들의 발달을 도울 수 있는 것은 무엇이 있을까?
- 아이들의 행복한 삶을 위해 어떻게 개입해야 할까?

저는 길고 긴 고민 끝에, 공부방은 가정을 대신해 학교를 마친
아이들을 보호하는 곳인 동시에 함께 공부하고 새로운 관계와 활
동들을 통해 성장할 수 있는 곳이라고 생각했습니다.

케어 매니지먼트Care Management는 사회적 돌봄 서비스입니다.
엄마가 아이를 돌보는 것과 달리 복지관이 아이들을 사례관리하는

아동 케어 매니지먼트 Care Management **목적 및 목표**

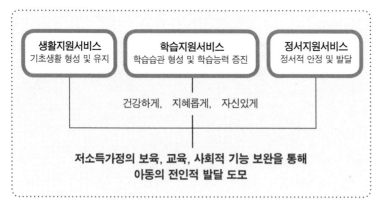

데 있어서는 아이들을 파악하고 개입에 대한 기준을 설정하기 위해 객관적인 근거가 필요했습니다.

먼저, 아동의 발달과정을 영역별로 분류하여 모니터링 방법을 구체화하기 시작했습니다. 생활영역은 우리 일상생활에서 다뤄지는 평범한 부분을 점검하고 개입해야 했습니다. 그렇지만 공부방에서 보내는 3~4시간 안에 아이들의 생활습관을 상세하게 파악하는 것은 한계가 있었습니다.

보통 공부방에서 대두되는 생활의 문제들은 위생관리 미흡, 질서 혼란과 같은 현상들입니다. 어찌 보면 극히 개인적인 부분이지만 아이들의 사회성과 또래 관계에 영향을 미치는 요소들이어서 개입할 필요성이 있었습니다.

"선생님! 공부방에서 발 냄새 나요!"

"진철이가 신발 벗으니까 청국장 냄새가 나! 아우, 지독해!"

무더운 여름이 되면 10~12명이 모여 있는 공부방에서는 시큼털털한 냄새가 납니다. 원인은 바로 아이들의 발 냄새.

여름이라 땀이 많이 나기도 하지만 신발을 잘 빨지 않는 아이들도 있어 가끔은 선생님이 범인을 찾으려고 킁킁거리며 냄새를 맡기도 합니다. 엄마가 계시지 않은 진철이는 씻는 것을 잘 하지 못해 아이들에게 따돌림을 받을 수 있는 상황이었습니다. 그래서 진철이가 따돌림을 당하지 않도록 보호해주기 위해서는 청결할 수 있도록 관심을 더욱 줘야 했습니다.

아이들의 전반적인 생활을 확인하고 진철이와 같은 아이에게 관심을 더 갖기 위해 '생활영역 체크리스트'를 만들었습니다. 이전의 생활영역 체크리스트는 기록하는 사람의 관점에 따라 결과가 다르게 나올 수 있다는 문제점이 있었습니다. 이 점을 보완하기 위해 문항의 내용을 최대한 객관적이고 구체적으로 만들려고 노력했습니다. 사례관리자, 공부방 강사, 슈퍼바이저와 논의를 통해 생활영역 체크리스트가 완성되었고 일상생활·위생·안전 영역으로 나눠 체크할 수 있게 되었습니다. 본문 끝 '부록'에 '생활영역 체크리스트'의 시안을 넣었습니다(142쪽).

또 공부방에서 주요하게 다루는 내용은 아이들의 학습입니다. 사실 아이들의 학습태도와 성적은 천차만별입니다.

"야야, 선생님 몰래 뭐 사먹으러 가자!"

"쌤, 쌤. 저 다쳤어요! 아파요. 반창고 붙여주세요. 저 아프니까 공부 안 할래요."

이런 경우도 있습니다.

"이것만 하고 영어학원 갈게요."

"지영아! 영어수업 5시잖아. 지금 5시 반이야! 엄마한테 전화 오셨어. 얼른 학원 가."

"네, 알겠어요. 정희랑 이것만 하고 갈게요. 쌤, 쌤. 이거 진짜 중요한 거예요."

고학년인 지영이는 매일 출석하지만 공부는 하지 않고 가기 일쑤었습니다. 어머니가 학원비를 내주시지만 호기심이 많은 지영이는 학원에 갈 생각을 하지 않습니다. 지영이 어머니는 아이가 가지 않으려는 것을 모르시고 당신의 아이가 그럴 리 없다며 공부방 선생님에게 하소연을 하십니다.

이렇듯 공부방에서의 학습영역은 성취도 중심의 관찰만으로는 의미가 없다는 것을 알게 되었습니다. 그래서 학습지도과목을 중심으로 학습태도와 학습량, 성적 변화(학교 및 공부방 단원평가)를 모니터링하기로 했습니다.

2011년 11월에는 공부방 아이들 모두 합창대회에 출전했습니다. 결과는 아쉽게도 예선 탈락. 합창대회를 준비한 시간은 노래 소리보다는 아이들을 혼내고 타이르는 선생님들의 잔소리가 많이 들렸던 때였습니다.

아이들의 표정은 행복해 보이지 않았고 노래를 하고 싶어도 자신의 입을 벌려 목소리 내는 것을 두려워했습니다. 쭈뼛쭈뼛한 모습, 힘없는 목소리와 태도 등. 멋진 합창단의 모습을 기대했지만 자신감 없는 그 모습이 우리 아이들의 정서를 보여주고 있었습니다.

사례관리를 시작하면서 공부방이 아이들의 정서에 안정감을 주었으면 하는 담당자로서의 욕심이 생겼습니다. 그래서 1년에 걸쳐 사회성 측정과 정서행동관찰을 통해 아동들의 정서적 변화를 점검하기로 했습니다.

♣♥ 어려운 사례관리

2012년 2월부터 사례관리를 시작했지만 7월이 되서야 전체적인 방향이 잡히는 듯 했습니다. 다른 프로그램 준비와 서류업무도 하다 보니 사실 공부방 아이들을 만날 기회가 많이 없었습니다. 특히 복지관과 거리가 있었던 B동 공부방 아이들에 관해서는 그저 공부방 선생님께 이야기를 전해 듣고 생활영역 체크리스트를 작성하는 것 외에는 사례관리자로서 할 수 있는 게 없었습니다. 그러다보니 과연 이것이 사례관리를 하고 있는 것인지에 대해 고민하게 되었습니다. 그러던 중, 내부사례회의 때 저를 따끔하게 만든 이야기를 들으면서 좀 더 적극적인 태도를 갖기로 했습니다.

"사례관리는 정성이다."

"대상자를 한 달에 한 번 만나는 형식적인 사례관리는 무의미하다."

속으로 고민만 하던 저는 '이젠 아이들을 많이 만나야겠다', '아이들과 이야기하지 않으면 뭘 하든 소용이 없다'라고 생각하며 가까운 A동 공부방은 업무를 보면서 시시때때로 아이들과 이야기하고, B동 공부방은 간식을 전달하러 갈 때마다 잠깐이라도 얼굴을 보며 이야기하고 돌아왔습니다.

그런데 B동 공부방에서는 학습시간 중간에 제가 아이들과 이야기하는 것이 아이들의 집중에 방해가 되고 봉사자 선생님께 실례가 된다는 의견이 나왔습니다. 사례관리를 좀 더 잘하고 싶은 욕심에 아이들을 만나겠다는 열정만 높았던 것 같아 스스로 반성하는 시간을 가졌습니다. 그리고 나니 또 한편으로 도대체 어떻게 해야 할지 방향을 잡지 못했습니다.

아이들을 만날 시간이 없는 상황에서 개입은 어떻게든 해야 하는 데 생각처럼 쉽게 진행되지 않았습니다. 매월 사례회의에서는 그달의 특별한 사례와 모니터링 내용, 프로그램 진행 내용으로 구성되다 보니 '사례회의가 아닌 공부방 사업 보고'의 느낌이 컸습니다.

생활영역 관찰기록 관련해서는 결과를 정리하면서 데이터 분석에 진을 빼게 되어 아이들의 가정에까지 신경을 쓰지 못했습니다. 또 한편으로는 기록지에 작성한 아이들의 응답이 사례관리자가 관찰한 내용과 달라 '과연 진실인지' 의심이 되어 데이터와 기록지에 대한 신뢰가 떨어졌습니다. 결국 정말 심각한 아동들의 보호자에게 연락해 위생과 청결에 대한 관심을 독려하는 것밖에 하지 못했습니다.

다행히 공부방 선생님들의 노력으로 아이들의 학습태도는 많이 좋아졌습니다. 처음에는 왁자지껄 정신없던 A동 공부방이 이제는 문을 열면 문제집을 펴고 앉아 있는 아이들의 모습을 볼 수 있게 되었습니다.

💕 악동들의 소소한 변화

아동 중심의 사례관리를 진행하면서 여러 가지 프로그램이 있었지만 지속적으로 '아동자치회의'와 '합창 프로그램'을 진행했습니다. 아동자치회의는 지역아동센터에서 정기적으로 운영되고 있는 아동자치활동이지만 부흥복지관 공부방에는 2012년에 처음 도입했습니다. 아이들에게 공부방의 주인의식을 높이고 아이들 의견을 프로그램에 반영하기 위한 목적으로 시작되었습니다.

처음 아동자치회의를 시작했을 때 아이들은 많이 귀찮아했습니다. 그렇지만 그 '귀찮음' 뒤에 자기 의견을 내기 부끄러운 모습이 숨겨져 있는 것 같았습니다. 공부방별로 회장, 부회장을 뽑아 그럴 듯하게 임명장과 상품을 전달하니 임원진이 된 아이들의 눈빛이 달라졌습니다.

"쌤, 쌤. 캠프 어디로 가요? 바닷가 가요? 가서 뭐해요?"

"캠프 가서 뭐하고 싶은데?"

"물놀이요! 아, 쌤! 가서 뭐하는 데요? 알려주세요, 네?"

"공부방에서 회의해볼까? 캠프 가서 뭐하고 싶은지 같이 이야기해보고 너희가 하고 싶은 것 하자."

"그래도 돼요? 진짜요? 가자! 가서 애들한테 회의하자고 하자."

처음에는 공부방과 관련한 사소한 규칙을 안건으로 시작해서 프로그램에 대한 의견과 평가까지, 아이들이 참여할 수 있는 것들을 조금씩 넓혀 나갔습니다. 그런 과정에서 아이들은 책임감과 사회성을 배우고 사례관리자는 대상자(클라이언트)의 욕구를 발견하게 되었습니다.

그동안 복지관에는 공부방 아이들에 대한 편견이 있었습니다. '못 말리는 A동 공부방', '말 잘 듣는 B동 공부방' 등 공부방마다 특성을 드러내주는 말입니다. 그렇지만 아동자치회의를 진행하면서 아이들의 새로운 면을 발견하게 되었습니다.

왁자지껄하고 정신없는 A동 공부방 아이들이 회의를 할 때는 좀 더 적극적으로 참여하고 다양한 의견이 나왔습니다. 반면, B동 공부방 아이들은 의견 내기를 힘들어하고 회의록 작성도 어려워하여 담당 선생님께서 회의 때마다 어떻게 지도해야 하는지 난감해하셨습니다.

또 다른 변화는 합창 프로그램을 통한 변화입니다. 사실 2011년도 합창대회를 마치고 '다시는 합창을 시키지 않으리라' 다짐했습니다. 그러나 합창단을 구성할 기회가 다시 한 번 생겨서 공부방 아이들이 모두 참여하도록 했습니다. 공부방에 다니지 않는 아이들까지 참여시켜 25명의 그럴 듯한 합창단이 꾸려졌고 총 18회의 연습과정을 거쳤습니다.

처음에는 2011년과 다를 바가 없었습니다. 삐뚤게 앉아있는 아이들이 있는가 하면 노래하고 있는 데 사이사이에 숨어 키득키득 거리고…. 그렇지만 몇몇 아이들에게서는 뭔가 해보고 싶다는 표정이 보였습니다.

아이들의 달라진 모습을 확실하게 느낀 건 예선대회가 얼마 남지 않은 때였습니다. 대형을 맞추고 입·퇴장 동선을 연습하기 위해 연습에 연습을 거듭하고 앉았다 섰다를 반복했습니다.

서서 노래하다 한 곡이 끝나면 "앉아서 부르면 안돼요?", "다리 아파요", "이제 그만 연습해요"라는 아이들의 찡찡거림이 메아리를 쳤습니다. 그런데 그 다음 날, 또 그 다음 날 조금씩 메아리가 줄어들기 시작했습니다. 한 곡이 끝나고 지금쯤 빨리 끝내달라는 이야기가 나올 타이밍인데 아이들은 그대로 서서 지휘자선생님의 지시를 기다립니다. "이야~"라는 탄성과 함께 우리 아이들도 훈련하면 할 수 있다는 것을 사례관리자인 저도 알게 되었습니다.

그렇게 연습하여 아슬아슬하게 예선을 통과하고 결선에서 3등에 입상했습니다. 힘들게 연습한 만큼 기쁜 결과를 얻어 아이들이 느끼는 성취감도 컸습니다.

우리 공부방 아이들은 보호자들의 관심 밖에서 자연스레 독립적으로 생활하고 있고 그러면서 자기도 모르게 공부방에 의지하고 있습니다. 그런 아이들을 사례관리하면서 '좋은 부모님을 만났더라면 너무 예쁘게 자랐을 것 같다'는 생각이 들었습니다. 또 한편으로는 미숙한 사례관리자의 시행착오가 아이들에게 영향을 주진 않을까 하는 걱정도 있었습니다. 앞으로의 사례관리과정을 통해 크고 작은 변화들이 모여 청소년이 되고 또 성인이 되었을 때 아이들에게서 큰 역량으로 볼 수 있길 기대해 봅니다.

"아동 중심 사례관리는 악동惡童들이 악동樂童으로 변화되는 과정입니다."

어제와 오늘, 오늘과 내일이
다른 청소년

　부흥복지관에는 초등학생을 위한 공부방이 있습니다. 저는 이 공부방을 졸업하거나 신규로 발굴된 사례관리 대상 가정에서 학습 욕구를 나타내는 청소년들에게 학습지도 봉사자를 연계하는 업무를 담당하고 있는 사회복지사입니다.

　초등학생은 '공부방'이라는 공간이 따로 있지만 청소년이 되면 자립심을 기르고 어디서든 살아남을 수 있는 적응력을 기르기 위해 복지관의 빈 공간을 활용하여 청소년과 봉사자 1:1 학습지도를 진행하고 있습니다. 그래서 오후 시간이 되면 학교를 마친 교복 입은 학생들이 학원에 갈 때, 우리 친구들은 복지관으로 모여듭니다.

　지금부터 질풍노도의 시기를 보내고 있는 '어제와 오늘, 오늘과

내일이 다른' 청소년들과 지내온 소소한 이야기를 함께 나눠보려
고 합니다.

💕 그래도 따뜻한 만남은 계속 된다

제가 만나고 있는 청소년들은 평균 15명으로, 대부분 여자 중학
생입니다. 나이대가 비슷해서인지 모이기만 하면 좋아하는 연예인
이야기, 컴퓨터 게임, 뒷담화 등 이야기꽃이 끊임없이 이어집니다.
어떤 때는 공부시간도 지키지 않고 노는 데만 열중하는 마냥 사춘
기 아이들이랍니다. 물론 이 중에는 공부도 열심히 하고 성적도 우
수한 친구들도 있지만, 성적은 뒤에서(!) 매우 우수하고 인기 절정
의 연예인보다 더 바쁜 스케줄로 수업시간을 수시로 바꾸는 일이
다반사라 봉사자 선생님들을 곤혹스럽게 하는 친구들도 있습니다.
그래서 따뜻한 마음과 열정을 갖고 봉사활동을 시작하신 봉사자
선생님들에게 늘 죄송함과 감사함을 동시에 갖게 됩니다.

주 1회 수업을 기본으로 하지만 아이들의 시험기간이나 봉사자
선생님들에게 개인사정이 있을 때는 서로 합의해서 한 주를 쉬는
경우도 있습니다. 보통 한 달에 세 번에서 네 번의 수업을 진행하
게 됩니다.

민수는 복지관에서 얼굴보기가 매우 어려운 아이입니다. 민수보
다는 홀로 방황하는 봉사자 선생님을 더 자주 뵙게 되지요.

민수에게 어디쯤인가 하고 전화를 하면 민수는 정해진 약속시간을 다른 날로 착각했다거나, 갑자기 어디를 가야 한다면서 오늘 가지 못한다고 합니다. "그렇다면 진작 봉사자 선생님께 휴대전화 문자라도 해드리지"라고 매번 앵무새처럼 반복해서 말하지만 소용이 없습니다.

그나마도 민수와 연락이 닿으면 다행입니다. 휴대전화, 집, 보호자 누구 하나 연락이 되지 않아 마냥 기다리시는 봉사자 선생님을 보면 제가 어찌할 바를 모를 때가 한두 번이 아닙니다.

더 이상 봉사자 선생님께 민폐를 끼칠 수 없어 민수와 같은 아이들을 종결해야 하나 고민하다가 봉사자 선생님께 의견을 먼저 물어봤습니다.

"선생님, 죄송해서 어쩌죠? 연락이 안 되네요. 이 친구들을 어떻게 해야 할지…. 선생님께서 시간 내서 먼 길 오시는데 매번 죄송해요. 다음부터는 와서 기다리지 마시고 공부하기 전날이나 오시기 직전에라도 연락해보고 오시면 좋을 거 같아요. 죄송해요."

"아, 아니에요. 선생님이 왜 죄송해하세요? 할 수 없죠, 뭐. 다시 연락해서 시간 잡을게요."

"선생님, 생각해봤는데 사실 복지관에 민수와 같은 아이들이 더 있어요. 선생님들께서 매번 기다리시고 허탕 치시는 것 같아 죄송하기도 하고…. 저희가 '청소년 멘토링' 프로그램이지만 사실 학습지도 중심으로 진행하다 보니, 학생을 잘 가르쳐서 성적도 오르고 변화된 모습을 기대하고 오시는 선생님의 경우에는 많이 지치고 힘들기도 하실 거예요. 아무래도 내가 만나는 아이가 나를 통해서 변화되는 모습을 보시면 보람도 느끼고 재미있게 하실 수 있겠지요. 그런데 현실은 민수 같은 아이들이 더 많고, 벌써 수개월째 이런 일이 반복되고 있는데 선생님은 어떤 생각을 하고 계신지 궁금해서요. 너무 힘들고 지치시면 민수랑 종결하고 다른 아이를 부탁드릴까 싶기도 하구요. 어떠세요?"

"민수만 괜찮다고 하면 저는 괜찮아요. 민수가 아직은 학습에 대한 동기도 없고 해서 공부하기 싫어하는 날은 억지로 시키지도 않아요. 그래서 컴퓨터실에서 수업하고 싶다고 하면 거기서 하고, 어느 날은 특별히 뭐 시키려고 하지 않고 게임하겠다고 하면 그냥 옆에서 지켜보기도 해요."

"그렇군요. 사실 선생님 아니면 다른 선생님들은 민수를 감당하지도 못할 거 같아 걱정이었는데, 계속 맡아 주신다고 하니 정말 죄송하고 감사드려요. 제가 중간에서 할 수 있는 한 많이 도울게요."

사실 선생님께 의견을 여쭤보면서도 다른 아이로 연계해달라는 말을 들을까봐 조마조마 했습니다. 민수는 사람을 많이 가리고, 때로는 버릇없는 모습을 보이기도 하고, 약속시간도 수시로 어겨서 선생님을 매번 기다리게만 하는데 어떤 봉사자가 오래 버틸 수 있을까 걱정이 되었으니까요.

민수가 늦게 와도, 안 와도, 버릇없게 굴어도 1년 가까이 그저 민수를 지켜봐 주시는 선생님이 정말 감사했습니다. 그리고 한없이 존경스러웠습니다. 아직 대학생이고, 자기계발하기도 바쁜 시기일 텐데 저보다도 어린 민수의 공부를 도와주는 봉사자 선생님은 진정한 멘토가 무엇인지 아는 분 같았습니다.

민수가 표현은 잘 하지 않아도 선생님을 좋아하고 잘 따르는 게 가끔 느껴질 때가 있는데, 저는 오늘에서야 그 이유를 알 것 같았습니다. 그저 묵묵히, 언제나 그 자리에서 민수를 항상 지켜봐 주는 든든한 선생님의 모습은 민수가 의지할 수 있는 사람으로 분명 민수의 마음 한구석에 자리 잡고 있을 거라 믿게 되었습니다.

♥ 좋은 것은 함께 나누고 싶은데…

청소년들은 학년이 올라갈수록, 그리고 남학생일수록 복지관을 점점 멀리하기 시작합니다. 그래서 복지관 학습지도를 이용하는 남학생과 고등학생은 다섯 손가락 안에 꼽힐 만큼 적어집니다. 그러다 보니 문화체험이나 프로그램을 진행할 때 남학생들이 거의 없는 건 당연한 현상인지도 모르겠습니다.

어린 아이라면 윽박지르고 먹을 것으로 구슬려 볼만도 한데 몸집도 커지고, 머리도 커져서 제 마음처럼 되지 않는 경우가 더 많습니다. 초등학생도 아니니 부모님이 어디 좋은데 가자고 해도 더이상 따라다니지 않는 시기며 친구들과 어울리는 것을 좋아하고 자기주장과 호불호에 대한 의사를 마음껏 표현하기 시작합니다. 그래서 좋은 강사와 좋은 프로그램을 마련해놓고도 아이들한테 제발 오라고 통사정을 해야 겨우 들어줄까 말까 하는 상황에 놓일 때도 있습니다. 참여를 구걸하는 것 같은 사회복지사가 되는 상황이 가끔은 힘들기도 합니다.

조금만 자기 마음에 들지 않으면 토라지고, 복지관에 오지 않겠다는 협박 아닌 협박에 처음에는 아이들을 혼내는 것도 조심스러웠습니다.

"다다음주에 복지관에서 학습방법에 대해 배우는 시간이 있는데 그날 시간 되니?"

"애들 누구누구 오는데요?"

"너한테 처음 얘기한 거라 아직 다른 아이들은 못 물어봤어."

"음… 저 그날 바빠요."

"왜? 어디 가?"

"네. 친구랑 놀아야 해요."

"그럼 친구랑 같이 와. 여기 와서 놀아. 이제 공부 좀 해야지. 공부하는 방법에 대해서 알려주니까 도움이 많이 될 거야."

"싫어요. 지난번에도 이런 거 했잖아요. 어차피 별로 도움도 안 돼요. 저 안 하면 안 돼요?"

"에이, 와라. 제~발~."

이런 이야기를 들을 때면 '정말 내가 뭘 하고 있는 건가', '이걸

해야 되는 건가'라는 생각에 맥이 탁 풀립니다. 다른 아이들 같으면 부모님이 이런 거 비싼 돈 주고도 못 시켜서 안달일 텐데 말입니다. 프로그램 진행 날짜는 점점 다가오는데, 참여하겠다는 아이들이 적으면 그야말로 '대략 난감'입니다.

그러다 보면 '저소득가정이 아닌 일반 가정의 아이들이라면 조금 다를까', '청소년기에 당연한 현상을 내가 너무 민감하게 받아들이는 걸까', '오히려 사회복지사가 아이들에게 받는 거절에 대한 두려움과 실적인원이 채워지지 않는 것에 대한 불안감인가', '이 프로그램은 아이들에게 도움이 되지 않는 걸까' 등 여러 생각이 꼬리에 꼬리를 물고 끊이지 않게 됩니다. 결국 어디서부터 실타래를 풀어가야 할지 모르는 상황에 빠지고, 사회복지사로서 제 능력에 대한 한계를 느끼며 자괴감에 빠지기도 합니다.

'부모가 없는 아이들에게 가장 불행한 것은 아무리 잘못을 해도 혼낼 사람이 없다는 것이다'라는 글을 본 적이 있습니다. 사실 누구나 혼나고 꾸중 듣는 것을 좋아하지 않습니다. 그래서 '우리 부모님은 내가 원하는 데로 그냥 내버려두셔서 좋다'는 친구들을 부러워할 수도 있겠지만, 반대로 생각해보면 그 아이들에게 관심을 갖고 바른길로 가도록 인도해줄 사람이 없다는 이야기가 될 수 있습니다.

모든 경우에 적용된다고 할 수는 없지만 확실히 잔소리든 채근이든 부모님이 관심을 갖고 챙겨주는 아이들과 방임되는 아이들은 다르다는 느낌이 듭니다.

부흥복지관에서 만나는 청소년들 대부분은 조손가정, 한부모가정이 많아 상대적으로 보호자들이 아이들의 성장이나 학습에 관여하는 것이 쉽지 않은 가정이 많습니다.

아무리 좋은 프로그램, 유익한 프로그램을 준비하고 좋은 강사를 모셔 와도 아이들의 참여가 없으면 아무것도 아닙니다. 부모님이 억지로 보내서 등 떠밀려 왔던지, 부모님께 혼날까 봐 왔던지 그 이유야 어떻든 참여하고 경험했으면 좋겠는데 아이들에게 세심하게 관심을 갖고 챙겨주는 보호자들이 거의 없다는 것이 마음을 먹먹하게 합니다. 그래서 그 역할을 복지관이, 그리고 사회복지사인 제가 감당할 몫이라고 생각합니다.

허나 당장 처리할 업무들로 둘러싸여 있는 저로서는 사무실로 찾아오는 아이들을 조용히 시키거나 조금 이야기하다가 보내야 하는 환경 때문에 아이들에게 늘 미안하고, 뭔가 잘 하지 못하고 있다는 불안감을 느끼곤 합니다. 그래도 큰 해결책이나 좋은 것은 주지 못해도 늘 저를 찾아오는 아이들이 있고, 아이들을 만나기 위해 복지관으로 오시는 봉사자 선생님들이 계셔서 얼마나 감사한지 모릅니다.

반 년간 부흥복지관에서 청소년들을 만나고 여러 프로그램을 진행했는데 아이들의 모습은 처음 만났을 때와 지금이 큰 차이는 없습니다. 여전히 무기력하고 의욕 없는 친구, 우울하고 낮은 자존감을 가진 친구, 공부에 전혀 관심 없는 친구, 매번 지각과 결석을 밥 먹듯이 하는 친구, 늘 성실하고 조용한 친구, 놀기에만 바쁜 친구 등 자신의 고유한 모습을 지키기 위해 모두 고군분투하고 있는 것만 같습니다.

저도 아이들의 변화된 모습을 기대합니다. 그렇지만 우선 아이들의 작은 변화를 관찰하고, 기다려주고, 조금 더 마음의 여유를 가진 사회복지사가 되어야겠다고 다짐합니다. 그래야 아이들을 제대로 볼 수 있고, 아이들의 불안한 청소년 시기를 옆에서 함께 걸어가 주는 동반자가 될 수 있을 것 같습니다.

김씨 아주머니의 소원

💕 첫 만남

아직 더위가 가시지 않은 2011년 9월 어느 날, 동 주민센터 사회복지 담당 선생님과 같이 방문하기로 했던 김씨 아주머니를 처음 뵙는 날이었습니다. 반 지하로 내려가 현관문을 열자 어두컴컴하고 눅눅한 기운이 감돌았습니다.

김씨 아주머니는 방 두 개에 부엌 하나, 화장실이 있는 지하 방 구석에서 불안한 눈빛으로 저를 바라보고 있는 작은아들을 옆에 끼고 옷장에 자신의 몸을 의지한 채 뭐가 그리 서글픈지 눈물을 글썽이고 계셨습니다.

약속을 잊지 않고 집에서 기다리고 있는 아주머니를 대신해 옆에 있던 작은아들이 주스를 건네줘서 더위에 목이 타던 차에 시원하게 마시고 이야기를 나누기 시작했습니다.

저의 소속과 이름, 아주머니를 만난 과정을 말씀 드린 후, 아주머니의 이야기를 듣고 싶다고 하면서 종이와 펜을 꺼내 사람을 조사하듯이 묻기 시작했습니다. 아주머니는 늘 그랬다는 듯이 그동안 살아온 이야기를 해주셨습니다. 결혼과 이혼, 재혼과 이혼을 하면서 마음의 상처를 받아 지금은 정신과 약을 먹는 바람에 일을 할 수 없어 힘들다고 하셨습니다.

많은 질문과 대답이 오가는 상황에서 정신과 약이라는 말에 정신보건센터 연계, 정신과 약을 복용하고 있는 엄마와 함께 살고 있는 아들은 청소년지원센터 연계, 정신 사납게 정리가 안 되어 있고 어두컴컴한 방을 정리할 수 있는 클린서비스 연계 등 여러 기관에 아주머니의 상황을 알리고 빨리 무언가를 해결하자는 머릿속에는 어느새 이미 아주머니는 회복해서 일을 하고, 아들은 밝게 웃고 있고, 집안은 깨끗이 정리되어 잘 살고 있는 가정이 떡하니 자리 잡고 있었습니다.

지금 와서 되돌아보면 아주머니가 하고 싶은 것에 관심이 없었고 오로지 내가 무엇을 할 것인가에만 생각이 가득 찼던 때라고 생각합니다.

첫 만남 후, 아주머니를 자주 만나려고 봉사자와 함께 일주일에 한 번씩 꼬박 찾아가 작은 방에 둘러 앉아 이야기를 나눴습니다.

그때까지만 해도 이야기의 주제는 아주머니의 자활, 아들의 활력 있는 모습, 시간이 지나면 깨끗해지는 집을 상상하며 아주머니의 이야기보다 사례관리자인 나의 임무를 중심으로 이야기를 한 것 같았습니다. 그러던 중 매월 기관에서 진행하는 사례회의를 통해 사례관리에 큰 착각을 하고 있는 제 모습을 발견했습니다.

"대체 무엇을 하고 싶은 거니?"

"…"

사례관리자가 아닌 해결사가 되려고 했던 것이었습니다. 모든 것을 처음부터 다시 시작하기로 했습니다.

제가 하고 싶은 사례관리가 아닌, 김씨 아주머니가 무슨 도움을 요청하는지에 대해 귀를 기울여야 할 때였습니다. 다행히 일주일에 한 번씩 방문해 나눈 시간이 헛되지는 않았습니다. 그동안 나눈 이야기보다는 만나러 간 시간이 김씨 아주머니와 사례관리자에게 '관계'라는 연결고리가 되어 있었습니다.

이런 미숙한 사례관리자가 김씨 아주머니와 함께한 길다면 길고 짧다면 짧은 1년여 간의 만남을 이야기로 풀어보고자 합니다.

♥ 1월: 걱정 반 근심 반인 첫 만남

'관계'를 형성한 지 4개월이 지난 2012년 1월. 김씨 아주머니는 자녀들을 잘 키우며 살아가고 싶어 하셨습니다. 비록 지금은 몸이 좋지 않아 거동도 힘들고 오랜 시간 일어 서 있을 수 없어 일용직으로 일을 하지만 자녀들에게 반찬도 잘 해서 먹이고 싶고, 학원도 보내고 싶어 하셨습니다.

사람들과 만나는 것이 좋다고 하시는 김씨 아주머니는 일을 하는 것이 단순히 생계를 이어가는 것을 넘어 자신이 살아 있다는 느낌을 받는다고 하셨습니다. 하지만 사람들과 어울리다 보면 가끔 힘든 현실을 이야기하게 되고, 그러면 속상해지고 술을 마시게 되어 '죽고 싶은 현실'에 빠지게 되는데, 다시 '살고 싶은 현실'로 변하기까지 오랜 시간 동안 마음을 추슬러야 한다고 하셨습니다.

음주는 곧 큰아들과의 마찰로 이어졌습니다. 해가 바뀐 다음 날, 김씨 아주머니는 음주 상태로 사례관리자를 찾았습니다. 큰아들이 기타만 들고 자기 아빠를 따라 갔다는 것이었습니다.

아이들이 전부였던 김씨 아주머니는 망연자실 울기만 했습니다. 아주머니 남편과 통화를 시도했지만 김씨 아주머니와 관계가 있는 저와의 통화를 거부했습니다. 큰아들과 저의 만남은 여기서 끝이 났습니다. 그래도 엄마가 걱정되어 남아있는 작은아들이 김씨 아주머니에게는 또한 소중했기에 작은아들을 위해 술도 줄이는 등 노력해보자고 서로 파이팅을 외쳤습니다. 파이팅을 외친 지 얼마 지나지 않은 밤 11시에 휴대전화 문자가 왔습니다.

— 저 ○○예요. 엄마가 죽는다고 하는데 어떻게 해요? 선생님.

불안에 떨고 있을 작은아들을 생각하니 마음이 답답해서 늦은 시간이었지만 김씨 아주머니와 통화를 해 안정을 시키고 내일 보자는 약속을 했습니다.

다음 날 찾아간 아주머니의 집은 문이 굳게 잠겨 있었습니다. 집 앞에서 전화를 걸어도 받지 않아 불안했습니다. 지역에 있는 슈퍼마켓, 이웃을 찾아다니며 정황을 살피던 중 다행히 어제 새벽 서울에 있는 지인 집으로 잠시 갔다는 말에 안도의 숨을 내쉬며 불안한 1월을 그렇게 보냈습니다.

💕 2월: 사례 협력기관 찾기

조마조마했던 1월이 가고 2월이 되었습니다. 건강이 좋지 않았던 김씨 아주머니는 새벽에 응급실을 자주 찾아갔습니다. 그럴 때마다 김씨 아주머니는 항상 근황을 전화로 알려 주셨습니다. 사례관리자가 연락을 하지 않아도 자신의 상황을 알려주는 김씨 아주머니가 내심 고마웠습니다.

2월에는 정신보건센터에 김씨 아주머니를 의뢰했습니다. 물론 작년에 생각했던 무조건적인 기관 연계가 아닌, 김씨 아주머니가 정신적인 어려움으로 호소할 때 전문적인 상담으로 설명을 해줄 수 있는 도움과 김씨 아주머니의 자녀가 엄마의 병을 잘 받아들이고 인식할 수 있도록 가족 상담이 필요했기 때문입니다. 물론 김씨 아주머니도 동의한 연계였습니다.

　정신보건센터의 개입은 주 1회 가정방문을 시작으로 점차 횟수를 줄여 나가는 것으로 계획을 세웠습니다. 우리 기관과 방문이 겹치지 않도록 주 1회씩 번갈아 가며 방문하기로 했습니다. 그러다가 우리 기관은 자연스럽게 주 1회 방문을 월 2회 방문으로 줄이게 되었습니다.

3월: 반가운 소식

　김씨 아주머니는 이따금씩 반가운 소식을 전해주셨습니다. 그중에는 동 주민센터의 도움으로 지역에 위치한 센터에서 운동을 할 수 있게 되었는데, 땀을 흘리고 나니 혈당수치도 내려가고 혈압도 잘 유지가 되고 있다는 소식이었습니다.

　2011년 9월부터 "살고 싶지 않다. 아이들을 잘 부탁한다"라는 말씀 또는 음주 상태로 전화를 했던 김씨 아주머니가 가끔씩 밝은 목소리로 좋은 소식을 전해주셔서 기분이 매우 좋았습니다.

4월: 희비喜悲가 엇갈리는 세상

　김씨 아주머니가 일을 하고 싶으신지 이것저것 정보를 물어왔습니다. 처음 만날 때부터 "일을 하면서 사람들과 만나는 것이 좋다"

고 하신 아주머니는 예전에 식당을 운영했던 경험이 있습니다. 지금은 우울증으로 약을 복용하고 계시지만 한때는 시장에서 북적거리며 사람 사는 맛을 제대로 느끼면서 일했던 분이었습니다.

주치의 선생님께서는 아직 지속적인 일은 힘들다고 했습니다. 하지만 일을 하고 싶다는 김씨 아주머니에게 주치의 선생님의 말씀은 들리지 않는 것 같습니다.

김씨 아주머니에게는 독려와 지지가 필요하지만 아주머니가 현실과 맞닥뜨렸을 때 좌절감을 느끼지 않도록 충격을 완화하는 것도 중요하다고 생각했습니다. 그래서 현실적인 상황에 대해 안내를 해줬습니다.

일을 할 경우 수입만큼 수급비가 줄어드는 것과 알리지 않고 몰래 일을 하게 되면 나중에 공공기관에서 알게 되었을 때 발생하는 수급비 반환에 대해 안내를 했습니다. 사실 수급비가 줄어드는 것이 아니라 그만큼 자신의 힘으로 생계비를 벌 수 있는 힘이 생긴 것인데, 아직까지는 일을 하면 수급비가 줄어든다는 생각을 갖는 사람이 많은 현실이 사례관리자로서는 안타까웠습니다.

❤❤ 5월: 사례관리자가 알지 못하는 세상

그러던 어느 날, 김씨 아주머니에게 지금과는 다른 모습이 나타났습니다. 우울증으로 오랫동안 약물치료를 받으면서 술을 마시고 가끔 전화는 하셨지만 사례관리자가 알아들을 수 없는 상황을 계속 설명하시는 경우는 처음이었습니다. 정신보건의 특성을 완전히 알지 못하는 저로서는 매우 당황할 수밖에 없었습니다.

"변비가 심하구먼! … 너 배 아프지? 죽을 날이 얼마 안 남았구먼! … 선생님! 어떻게 저한테 이렇게 말을 할 수가 있어요? 제가 아무리 이렇게 산다고 해도 이렇게 말하는 건 아니잖아요!"

알고 보니 김씨 아주머니는 변비가 심해 죽을 날이 얼마 남지 않았다는 환청을 들었는데 그 환청이 복지관에서 자신에게 건 전화였다고 생각하시는 것이었습니다. 복지관에서 전화한 것이 아니라고 말씀드렸지만 이미 그렇다고 강하게 믿는 김씨 아주머니에게 저는 '섭섭한 말을 한 사례관리자'가 되어 있었습니다.

5개월 동안 매주 김씨 아주머니를 만나 이야기를 하며 지내왔는데 한순간에 이렇게 관계가 엉킬 수 있다는 사실에 많은 충격을 받았습니다. 김씨 아주머니가 즐겁게 아이들과 살 수 있었으면 하는 마음이 제일 크다는 생각으로 사례관리를 하고 있다고 믿었는데 제 마음 깊은 곳에서는 김씨 아주머니에게 요술방망이라도 휘두른 것처럼 척척 변하는 모습을 바랐는지 모릅니다.

김씨 아주머니에게 갑자기 찾아온 환청으로 한바탕 난리가 난 후 저는 함께 협력하는 정신보건센터 담당선생님께 연락을 해서 알지 못하는 영역에 대해 개입할 수 있도록 안내하며 뒤숭숭한 하루를 마무리했습니다.

♣ 6월: 고개를 넘으니 또 고개

김씨 아주머니와 함께 한 시간이 6개월째로 접어들었습니다. 김씨 아주머니와 만나면서 우는 모습에 걱정도 하고 좋은 소식에 좋아하기도 하고 사례관리자가 알지 못하는 김씨 아주머니의 행동에 당황하는 시간의 연속이었습니다.

비 온 뒤에 땅이 더 단단해진다고 했지만 아직도 비가 많이 와야 하는 시기인가 봅니다. 수원으로 멀리 출장을 간 저에게 전화 한 통이 걸려왔습니다. 익숙한 번호에 전화를 받으며 안부를 물었습니다. 저의 기대와는 달리 기운이 없는 목소리였습니다.

"선생님, 저 큰일 났어요. 경찰서에서 오래요."

"어머니! 갑자기 그게 무슨 말씀이세요?"

"얼마 전에 동네 사람이 하도 술을 먹자고 해서 좀 마셨는데, 그 여자가 나를 때렸어요. 근데 고소를 자기가 했어요. 나도 진단서 떼어 놓으려고 해요."

"어머니, 그럼 월요일에 경찰서에 함께 갈게요. 조금 진정하시고 다른 말씀은 마시고 사실대로만 이야기하면 잘 해결될 거예요."

김씨 아주머니의 갑작스러운 연락에 마음이 덜컹 내려앉았습니다. 경찰서를 가본 적이 없는 저로서는 이런 상황에서 어떻게 해야 할지 막막했습니다. 하지만 놀란 김씨 아주머니에게는 당황한 마음을 숨기고 태연하게 함께 가면 된다고 안심을 시켰습니다. 김씨 아주머니는 몇 차례나 고맙다고 인사를 하신 후 끊으셨습니다.

김씨 아주머니와 약속한 월요일, 함께 경찰서를 갔습니다. 경찰관에게 허락을 받고 조서를 받는 김씨 아주머니에게서 조금 떨어져 앉아 일어난 일에 대해 듣게 되었습니다.

사건은 술로 인한 쌍방의 잘못된 말과 폭력이었습니다. 누구의 잘못을 떠나 아쉬움이 있는 일이었습니다. 김씨 아주머니와 함께 관계를 맺어가던 중 김씨 아주머니를 잘 부탁한다며 저와 함께 통화를 했었던 지역의 한 아주머니였기 때문입니다.

조서를 마치고 나오면서 본 김씨 아주머니는 근심이 가득한 얼굴이었습니다. 지금도 수급비로 아등바등 살아가고 있는데 합의가 되지 않으면 벌금이 150만 원 정도 나온다는 말 때문에 어떻게 해결해야 할지 걱정이 많아 보였습니다.

복지관으로 가기 위해 택시를 타고 출발하던 찰나에 김씨 아주머니는 3만 원을 택시 안으로 던지시고 가셨습니다. 순간 사회복지의 윤리강령이 생각나기도 했지만 어리둥절한 모습으로 택시를 타고 복지관으로 돌아왔습니다.

♥7월: 새로운 시작

김씨 아주머니 가정에 힘을 새롭게 얻을 수 있는 계기가 필요했습니다. 지난 음주 폭행으로 평소 관계가 있던 이웃과의 서먹함과 이사를 가고 싶은 김씨 아주머니의 뒤숭숭한 마음을 다 잡고 다시 파이팅할 수 있는 무언가가 필요했습니다.

마침 복지관에서 준비하고 있던 '조금 특별한 가족여행'에 참여자로 추천을 했습니다. 마찰로 함께 살지 않지만 큰아들을 늘 그리워하는 김씨 아주머니에게는 물론 형을 잘 따르던 작은아들도 형과 함께 하는 시간을 갖게 되면 좋겠다는 생각이 들었기 때문입니다. 김씨 아주머니에게 이 소식을 전하자 많이 좋아 하시면서 큰아들에게 꼭 연락을 하겠다고 하셨습니다.

작은아들은 복지관에서 청소년 학습 멘토링에 참여하고 있었습니다. 결석이 많지만 그래도 학교와 집 외에 작은아들이 활동할 수 있는 영역을 넓혀 주고 싶었기에 권유했었습니다. 그러던 중 복지관에서 부모님과 자녀와의 이해를 돕기 위한 교육 목적으로 4주 동안 진행하는 청소년 프로그램에 참여하게 되었습니다.

처음에는 토요일에 나와야 한다는 부담감과 더운 여름에 복지관까지 오실 수 있을까 걱정이 되었지만 반 정도 참석하는 김씨 아주머니 모습에 매우 기뻤습니다. 김씨 아주머니가 자녀를 위해 움직이시는 모습은 엄마로서 당연했지만 자녀 때문에 살고 있는 김씨 아주머니에게는 변화의 큰 움직임이라고 생각되었습니다.

월요일에 출근하면 김씨 아주머니의 교육 참여 소식을 듣는 것이 기뻤는데 책상 위에 놓인 작은 선물이 저를 더욱 기쁘게 해줬습니다. 그동안 신경을 많이 써 줘서 고맙다며 마스크 팩을 선물해주신 것입니다. 전화로 감사 인사를 드렸습니다.

"어머니, 처음에 뵈었을 때는 '죽고 싶다', '살고 싶지 않다', '아이를 잘 부탁한다' 이런 말씀 많이 하셨는데···. 지금은 궁금하신 것도 많고 전화도 먼저 주시고, 이렇게 복지관에 오셔서 교육도 참여해주시고 정말 좋고 감사해요. 어머니도 조금은 변하신 것 같아서 보기 좋아요. 많이 웃어 주시기도 하시고요."

그동안 계속되는 어려운 상황에도 김씨 아주머니의 변화하는 모습에 함께 웃으며 통화할 수 있다는 것이 정말 좋았습니다. 당사자의 전화 한 통은 사례관리자에게 그날의 컨디션까지 좌지우지하는 중요한 것이었습니다.

♥8월: 기대와 현실 사이

김씨 아주머니가 제주도로 떠나는 날이 다가왔습니다. 김씨 아주머니와 만나면서 한 번 봤던 큰아들을 만나게 되었습니다. 긴장된 얼굴의 모습이었지만 인사도 하면서 잘 다녀올 수 있도록 어깨를 두드려 줬습니다. 그리고 지난 번 택시 창문으로 던져 주셨던 3만 원을 봉투에 담아 김씨 아주머니 가족에게 맛있는 간식을 사드리도록 함께 가는 사회복지사 선생님에게 부탁했습니다.

'조금 특별한 가족여행'은 한부모가정, 조손가정 등 가족원의 부재로 가족의 기능이 조금 부족한 부분을 보완하기 위해 봉사자 가족과의 1:1 결연으로 또 다른 새로운 가족 구성원을 만들고 여행을

다닐 수 있도록 기획된 프로그램입니다. 김씨 아주머니 가족에는 아주머니는 물론 남자 형제를 잘 보듬을 수 있는 봉사자와 연결을 했습니다. 비록 저는 함께 하지 못했지만 사진과 이야기로 김씨 아주머니 가족의 즐거웠던 시간을 대신 알 수 있었습니다.

김씨 아주머니의 작은아들은 아직 엄마 곁을 지키고 있습니다. 우울증 약을 복용하면서 음주까지 있는 엄마가 걱정되기 때문입니다. 이러한 작은아들에게 학교에서 힘든 경험이 조금씩 늘어가고 있다는 소식을 접했습니다.

매우 소극적이어서 점점 심해지는 친구들의 농담과 장난을 고스란히 상처로 받고 있는 작은아들을 위해 전문가와의 상담 연계가 필요했습니다. 또한 학교에서 시행한 정서행동검사에서 낮은 점수를 받은 작은아들이 걱정이 되었는지 학교에서도 복지관으로 전화가 온 적이 있었습니다. 이제 김씨 아주머니는 물론 가족이 함께 힘을 내야 할 때가 온 것 같아 청소년 전문상담이 이뤄질 수 있도록 연계했습니다.

꿈만 같던 제주여행 이후, 가족에게는 어려운 현실이 기다리고 있었습니다. 이혼한 전 남편과 자녀가 연락을 주고받고 있으므로 전 남편에게 지원을 받고 있는 것으로 조사 결과가 나오는 바람에 수급비가 절반으로 줄어든 것입니다. 수급비의 감소는 김씨 아주머니가 다시 한 번 넘어야 할 산이었습니다. 이러한 현실적인 문제에 부딪히고 넘어져도 다시 일어날 힘이 생기면 좋겠지만 바로 '내일'을 보기에는 김씨 아주머니가 겪어온 세월이 너무 힘듭니다.

그러던 중 주인과 마찰을 빚어온 김씨 아주머니가 갑작스럽게 이사를 가게 되었습니다. 이사 갈 집은 가까스로 정했지만 당장 이사비용 40만 원이 없다는 것이었습니다. 이사를 도와주는 협력기관에 알아봤지만 당장은 힘들다는 것이었습니다. 봉사자를 구할 최소한의 기간이 있어야 했는데 그렇지 못했기 때문입니다.

사례관리자로서 고민하지 않을 수 없었습니다. 그러던 중 시청의 사례관리자 도움으로 값진 40만 원을 후원받을 수 있었습니다. 바로 SNS를 통한 후원이었습니다. 익명으로 사연을 올렸는데 지인이 흔쾌히 후원을 해주시겠다는 것이었습니다. 이러한 과정을 김씨 아주머니께 전하고 서로에게 감사를 전할 수 있었습니다.

9월: 주옥같은 작은아들

작은아들 ○○이 청소년 전문상담을 시작한 지 1개월이 흘렀습니다. 아직은 상담선생님과 ○○이 서로 관계를 쌓아가는 시기여서 그런지 물음에 짧은 대답만 오가는 중이라고 했습니다. 다만 걱정이 되는 것은 또래에 비해 에너지가 너무 약하다는 것이었습니다.

"아무거나….."

○○는 자기표현이 별로 없고 그저 고개를 끄덕이면서 단순한 놀이치료에만 조금씩 반응을 보여준다고 합니다. 저는 ○○의 학

94

교생활이 궁금해 담임선생님에게 전화를 했습니다.

○○가 지각하거나 결석하는 날은 많지만 '왕따'를 당하는 것이라고 볼 수는 없다고 말씀하셨습니다. 친구들과 장난도 치며 다닌다는 것이었습니다. 하지만 학기 초에는 ○○가 친구들이 '툭툭' 치는 장난을 장난으로 받아드리지 못해 상담을 하기도 하고, ○○에게 장난치는 학생들을 불러 주의를 주기도 했다고 하셨습니다.

"선생님, 그럼 ○○가 학기 초랑 조금 달라진 점이 있나요?"

"○○가 예전과는 다르게 요새는 결석하는 날이 많고 학교를 싫어한다는 느낌이 들 때가 있어요. 몸이 아프다는 이유로 학교를 결석해요. 오늘도 학교를 안 왔어요. 내일 학교 오면 만나 볼게요."

"네, 고맙습니다. 선생님께서 조금만 더 ○○를 살펴주시면 좋을 것 같아요."

김씨 아주머니의 작은아들은 조금 더 지켜보기로 했습니다. 다음 날, 김씨 아주머니에게서 전화 한 통화가 걸려왔습니다.

"혹시 술 드셨어요?"

"안 마셨어요."

"음주 상태로는 상담을 하실 수 없어요. 지금 상담하고 있는 제가 누구인지 알고 계세요?"

"몰라⋯. 우리 집에 찾아오는 사람이 아무도 없어⋯."

앞뒤가 맞지 않는 대답을 듣고 있으니 요즘 술을 계속 마시는 김씨 아주머니뿐만 아니라 학교도 가지 않고 그 옆에서 엄마를 지키고 있을 작은아들이 걱정이 되었습니다. 다시 한 번 다른 기관에 도움을 요청했습니다. 알코올상담센터, 정신보건센터, 복지관 담당자와 함께 김씨 아주머니를 만나러 갔습니다.

정리가 되어 있지 않은 방에 작은아들이 김씨 아주머니 뒤에 앉아 있었습니다. 김씨 아주머니 어깨 너머로 고개를 보이며 인사를 한 작은아들은 손님이 왔다면서 얼른 나가더니 오렌지 주스를 사와 한 잔씩 주었습니다. 이러한 모습을 보니 김씨 아주머니와 작은아들을 처음 보던 날이 생각났습니다. 오늘도 처음 만난 날처럼 '내일'을 이야기할 수 있을 것 같아 저는 다시 기대감을 품으며 이야기를 시작했습니다.

김씨 아주머니는 알코올 치료를 위해 입원할 필요는 없지만 힘든 상황을 잘 극복할 수 있도록 여러 기관이 협력하고 있다는 사실을 지속적으로 알려주고 방법을 함께 찾아가는 과정이 중요하다는 것을 다시 한 번 느끼게 되었습니다.

💕 10월: 김씨 아주머니의 자활 이야기

정신보건센터, 알코올상담센터, 복지관 담당자가 방문한 후 김씨 아주머니가 할 수 있는 규칙을 정했습니다.

• 주민센터 방문 후, 자활 신청하기

- 우울증 약, 잘 챙겨 먹기
- 내과 진료 지속적으로 잘 받기
- 작은아들 학교 잘 보내기

우리가 정한 것이 아니라 김씨 아주머니께서 하시겠다고 입으로 직접 말한 내용을 잘 해보자며 파이팅을 외치고 종이에 크게 적어 벽에 붙인 내용입니다. 우선적으로 김씨 아주머니가 지금 할 수 있는 것부터 천천히 하도록 했습니다.

그 후, 김씨 아주머니는 주민센터를 방문했습니다. 자활을 신청하고 의뢰된 날짜에 맞춰 지역자활센터를 방문하기로 했다고 전화를 주셨습니다.

"선생님, 저예요. 다음 주부터 교육 나오래요."

"아! 어머니, 잘되셨네요. 어머니, 거기 가시면 사람들을 만나실 수 있어요. 오늘 ○○는 학교 갔어요?"

"요새 학교 안 빠지고 잘 나가요."

"○○, 학교 가니까 어떠세요? 심심하세요?"

"마음이 좋아요."

그동안 힘든 일로 술과 함께 집에서 보내는 시간이 많았던 김씨 아주머니께서 자활을 시작하면서 어떻게 변할지 궁금했습니다. 하지만 저 혼자 큰 기대를 갖지는 말자고 다짐했습니다.

20여 년 동안 3번의 결혼과 이혼, 우울증과 음주로 보낸 시간이 단지 몇 개월로 요술방망이를 맞은 듯 되지 않는다는 사실이 저를 대상자의 빠른 변화를 기대하는 마음을 내려놓을 줄 아는 사례관리자로 만들었습니다.

💕 11월: 김씨 아주머니가 진짜 원하는 것

김씨 아주머니의 자활 기간은 생각했던 것보다 짧게 끝났습니다. 함께 살지 않는 큰아들의 생일 밥상을 차려주지 못한 아쉬운 마음에 큰아들이 사는 집 문고리에 떡을 걸어두고 오다가 승용차 사이드미러에 팔을 부딪쳐 김씨 아주머니께서 깁스를 하게 된 것입니다. 이제 잘 되는 것 같았는데 상황이 도와주지 않아 너무 안타까웠습니다.

지난 번 자활을 다녀오면서 힘들지만 그래도 오늘 신문 공예를 하면서 성취감을 느꼈다며 들뜬 목소리로 제게 전화를 주신 것이 아직 생생한데 안타까운 소식이 이렇게 빨리 찾아오니 그저 아쉽기만 했습니다. 하루 빨리 회복되길 바라는 마음을 전하고 전화를 마쳤습니다.

그동안 사례관리자를 만나면서 어떠했는지 함께 이야기 나누는 시간을 갖기 위해 회복 중인 김씨 아주머니를 방문했습니다. 김씨 아주머니는 약간 취한 모습으로 집에 계셨습니다. 하지만 김씨 아주머니에게 뭔가를 가르치려거나 술을 드시지 말라고 하지 않았습니다. 김씨 아주머니는 집에 혼자 있거나 무료할 때 술을 드시고 의지가 있거나 어떤 일을 하시게 되면 단주斷酒를 할 수 있다는 것을 알기 때문입니다.

오늘은 계획했던 이야기는 잠시 접고 무슨 속상한 일이 있는지 들어보기로 했습니다.

"어머니, 오늘 무슨 속상한 일이 있어서 이렇게 술을 드셨어요?"

"큰애가 말라 있는 게 싫어."

"큰 아드님 보러 다녀오셨어요? 큰 아드님이 어머니가 챙겨주는 밥 못 먹어서 살이 빠졌나 보네요. 그래서 속이 상하셨나보네."

"큰애랑 같이 살고 싶어. 근데 그 애는 자꾸 친구들을 데리고 와서 먹고 자고 해. 친구를 데리고 오면 먹여줄 것이 없어. 큰애는 고기를 좋아 하는데, 돈이 없어."

'아, 김씨 아주머니가 진짜 원하는 것이 이거였구나!'

순간 이 생각이 머릿속에 떠올랐습니다. 돈을 벌어 부자로 살고 싶은 것도 아니고, 넓은 집으로 이사 가 떵떵거리며 사는 것도 아니었습니다. 그저 자신과의 마찰로 집을 나가 따로 살고 있는 큰아들에게 밥을 차려주지 못해서 마음에 걸렸던 것이었습니다. 옆에서 따뜻한 밥을 차려주고 싶지만 그러지 못해 미안한 마음이 친구를 데려오는 큰아들을 야속하게 느껴지게 해서 괜히 화를 내게 만든 것입니다. 김씨 아주머니의 그러한 마음을 이제야 알게 되니 사례관리자로서 부끄럽기도 하고 미안하기도 했습니다.

"어머니, 지금부터 준비하시면 돼요."

"…."

"큰 아드님이랑 작은 아드님이랑 같이 사셔야죠."

💕 12월: 끝나지 않은 김씨 아주머니의 이야기

김씨 아주머니는 12월에도 음주 상태와 그렇지 않은 상태가 반복되었습니다. 서울까지 가서 뽕나무 잎을 가져와 집에서 말려 물을 끓여 먹었더니 혈당도 내려가고 혈압도 내려가서 좋았다고 하시던 날, 눈이 많이 와서 밖을 나가지도 못하던 날, 나갔다가 미끄러워 넘어진 날, 앞집 아저씨와 술을 먹고 싸워 피가 나서 병원에 간 날, 집에 있으면서도 찜질방에 갔다며 방문한 사례관리자를 피하던 날 등 김씨 아주머니의 하루는 똑같은 날이 하나도 없는 듯 했습니다.

김씨 아주머니께서 저를 피하는 날이면 조금은 상처를 받기도 했습니다. '나를 왜 피하지?', '왜 나한테 거짓말을 하지?'

지금 와서 생각해보면 김씨 아주머니께서 어설픈 거짓말을 하면서까지 피하고 싶었던 이유가 사례관리자인 제게 술 취한 모습을 보이고 싶지 않아서는 아니겠느냐는 생각을 했습니다.

그러던 어느 날, 김씨 아주머니와 연락을 줄여 나가야 하는 시간이 갑작스럽게 찾아왔습니다. 제가 만나고 연락을 주고받던 지역이 변경되었기 때문입니다.

아직 무언가 해결된 게 없는 것 같은데 그만 만나야 한다는 생각에 혼란스러운 마음이 있었지만 처음 만났을 때의 김씨 아주머니보다 지금의 김씨 아주머니는 좀 더 단단해졌다는 느낌이 들었습니다. 이제는 어려운 일이 생기면 도움을 구하기도 하고 모르면 알기 위해 주변에서 정보를 찾기 때문입니다.

❤️ 2013년 어느 좋은 날

따르릉.

전화벨이 울렸습니다. '김씨 아주머니다!'

"선생님, 저예요."

"네, 그동안 잘 계셨어요? 전화 한 번 못 드리고 죄송해요."

"지금 정신과 약 받으러 가는 길인데 그냥 생각이 나서요. 병원 앞이에요."

"아! 전화 잘 하셨어요. 저도 궁금했어요. 요새는 좀 어떠세요?"

"잘 있어요. 다른 건 아니고, 작은아들 ○○이가 사춘기인지 이제 제 말도 잘 안 들어요. 하하하하. 그래도 이번에 청소년상담을 다시 하기로 했어요."

"지금 딱 엄마 말 안 들을 나이죠, 하하하. 그래도 상담을 다시 한다고 하니 참 역시 ○○이가 엄마를 많이 생각하네요. 너무 좋아요. 이렇게 전화도 주시고."

"좋은 소식 전해 드려야 하는데, 이렇게 전화해서 죄송해요."

"에이, 어머니, 이런 게 좋은 소식이죠. 어머니, 힘드시거나 하면 바로바로 주민센터 가셔서 말씀하시거나 저희 쪽으로 전화하시면 돼요."

"네, 그럴게요. 고마워요, 선생님."

"저도 이렇게 전화해주셔서 너무 고마워요. 그럼 진료 잘 받으시고 조심히 들어가세요."

2013년 어느 날, 갑자기 전화를 주신 김씨 아주머니의 소식은 저에게 신기하기도 하고 힘이 되기도 했습니다. 사례관리가 끝난 김씨 아주머니에게 전화를 드리면 혼란을 줄까 싶어 전화 한 번 해보지 못했는데 문득 제가 생각이 났다며 병원 가시는 길에 소식을 전해주신 김씨 아주머니가 고마웠습니다.

지금 김씨 아주머니는 경제적으로 더 나아진 것도 없고 큰아들과 함께 살게 된 것도 아닙니다. 하지만 예전보다 살아갈 힘과 이유가 생긴 것 같아 그 마음이 너무 고마웠습니다.

까까머리 소년

작은 변화를 꿈꿔요

2011년 어느 추운 날, 인천에 있는 숭의종합사회복지관에 아주 특별한 강의를 들으러 가게 되었습니다. '『복지요결』로 살펴본 사례관리'라는 제목의 기획 강좌였습니다. 관장님께서 주선하여 동행하게 되었는데 책으로만 배우던 사례관리의 틀 안에 갇혀 있던 저에게는 신선한 충격으로 다가왔습니다.

왜 그랬을까요? 저는 대상자의 문제해결만이 사회복지사의 최우선 과제라고 생각해왔습니다. 그런데 처음 접한 한덕연 선생님의 강의는 그 생각을 여지없이 무너뜨려 버렸습니다. 사례관리란 '복지수요자를 한 명씩 개별화하여 상당 기간 꾸준히 돕되, 여러 가지

복지자원의 활용을 돕는 일'이라는 정의를 반복해서 외우기를 강조했던 선생님의 강의는 매우 특별했습니다.

현재 잘하는 것을 칭찬하고 격려하는 사례관리, 철저히 대상자의 입장에서 생각하는 사례관리도 이상적일 수 있는데 그보다 더 나아가 사회복지사가 가져야 할 가치와 철학 그리고 앞으로의 방향을 생각하게 하는 시간이었습니다. 이 시간이 동인천 삼치구이 골목에서 아주 오랜만에 접한 맛있는 막걸리와 삼치보다 제 마음에 더 깊이 남는 그런 날이었습니다.

복지관으로 돌아와서『복지요결』의 일부분을 사례관리에 적용해보기 시작했습니다. 맡은 대상자가 청소년이어서 '『복지요결』로 살펴본 청소년의 사례관리'에 대한 이야기로 채워나갔습니다. 작은 시작이었지만 좋은 경험이었고, 큰 결실을 만들지는 못했지만 상대방 입장에서 생각해보고 이해하려고 노력하는 긍정적인 과정의 연속이었습니다.

아직 많이 부족하지만 천천히 그리고 조금씩 변하고 있음을 느낍니다. 또한 앞으로는 더 많이 변화될 것이라 믿습니다.

💕 편견을 버려요

새롭게 2012년도 사례관리를 시작하면서 누구와 함께 할 것인지 정해야 했습니다. 먼저 사례관리 담당선생님과 이야기를 나누고 관심과 지지가 필요한 청소년들의 자료를 검토했습니다. 그리고 정기사례회의를 통해 관심과 지지 그리고 고민을 함께 나눌 한 소년을 선정했습니다.

자아존중감, 가족관계척도가 낮고 게임 중독에다 아빠의 양육방임까지 겪는 △△를 알고 있던 사람들은 그의 상황을 매우 심각하게 말했습니다. 직접 보지는 못했지만 주위의 평가 때문에 △△이 어려움을 대단히 많이 겪고 있는 불쌍한 아이로 생각되었습니다.

늦은 눈이 내리던 3월 어느 날, 이름만 알고 있던 △△을 처음 만났습니다. 무뚝뚝한 성격이라 청소년들과 살갑게 지내본 경험이 없었던 저는 주위 사람들의 말로만 들었던 △△의 문제들을 생각하니 앞이 캄캄했습니다. 어떻게 이야기를 나누고 친하게 지낼 수 있을지 고민이 되었습니다.

△△의 첫인상은 주위에서 듣던 문제학생의 이미지와는 정반대였습니다. 다른 아이들처럼 평범하고, 개구쟁이 같은 귀여운 중학생이었습니다. 결국 저의 고민은 쓸데없는 걱정이 되어버렸습니다. 문제를 보지 말고 가능성, 강점, 좋을 것을 봐야 하는데 △△에게 미안했습니다.

🖤 눈높이를 맞춰요

"안녕."

"네, 안녕하세요."

"…."

우리의 만남은 짧고 어색한 인사로 시작되었습니다.

"뭐 좋아하니?"

"커서 뭐가 되고 싶니?"

"학교생활은 어때?"

저의 계속된 질문에 △△은 대답을 하지 않았습니다. △△에 대해 많이 알고 빨리 친해지려는 저의 욕심 때문에 큰 실수를 범하고 말았습니다. 천천히 조금씩 친해지면서 자연스럽게 관계를 맺어 나가야 하는데 저의 취조하는 듯한 태도에 △△의 마음문은 굳게 닫혀 버렸습니다.

△△은 PC방 게임 이외에는 하고 싶은 것도, 꿈도 없고 학교생활에 대한 이야기도 터놓지 않았습니다. 저도 다른 사람들처럼 △△을 문제학생으로 대한 것 같았고, 그런 것을 느꼈는지 △△도 저를 신뢰하지 않았습니다.

이미 마음문이 닫혀버린 △△와의 두 번째 만남도 별반 다르지 않았습니다. 준비한 간식을 함께 먹으며 이야기를 나눴지만 짧은 시간 동안 정적만 흘렀습니다. 그래서 방법을 바꿨습니다. △△과 친구가 되기로 마음먹고 △△이 좋아하는 것만 이야기하기로 했습니다.

"선생님은 너와 친구가 되고 싶어."

"하하하."

이 한마디에 △△의 얼굴에는 웃음이 가득해졌습니다. △△가 가장 좋아하는 게임 이야기부터 하기로 했습니다.

"무슨 게임을 하니?"

"서든 어택이요. 친구들하고 PC방에 가서 하면 정말 재미있어요. 현금 아이템을 많이 사야 더 재미있는데….'"

기적질문(해결중심모델 질문기법 중 하나로 문제가 이미 해결된 상황을 상상해 구체화, 명료화하고 해결책을 상상하게 하는 기법)을 사용해 봤습니다.

"어느 날 갑자기 부자가 된다면 가장 먼저 무엇을 하고 싶어?"

"게임 아이템을 많이 사고 싶어요."

이유를 묻자 친구들이 게임 아이템을 사서 게임하는 것이 부럽기 때문이라고 말했습니다. △△의 입장에서 생각해보니 저도 △△ 정도의 나이였을 때 친구들과 게임하는 것이 즐거웠던 시절이 있었습니다. △△가 게임을 좋아하는 게 나쁜 것이 아니라 게임 때문에 해야 할 일을 못하는 게 나쁜 것이라는 생각이 들었습니다. 하지만 동시에 그 나이 때에는 당연한 것일 수 있겠다는 생각도 들었습니다. △△의 눈높이에서 △△가 좋아하는 것을 이야기하니 이전보다 대화가 훨씬 풍성해졌습니다.

공부 이야기를 꺼내려고 하면 휴대전화를 만지작거리며 집중하지 못했습니다. 결국 대화가 즐겁지 않았는지 질문을 하지 않으면 대답을 잘하지 않았고 때마침 멘토링 선생님이 오셔서 인사를 하고 헤어졌습니다.

△△의 눈높이에서 △△가 좋아하고 잘할 수 있는 것을 함께 찾아보기로 했습니다. 과연 △△의 속마음을 듣고, 좋아하는 것을 함께 찾을 수 있을지 고민도 되었고 기대도 되었습니다.

♥ 게임이 좋아요

봄이 아직은 찾아온 것 같지 않은 4월 어느 날, △△을 만났습니다. 항상 PC 게임, 휴대전화 게임에 눈을 못 떼는 △△을 걱정하는 마음에 게임중독검사에 대해 말했더니 학교에서 한 적이 있다고 했습니다. 게임중독검사 결과 △△은 고위험사용자라고 나왔습니다. 그런데 △△은 이 결과를 잘 알고 있었고 심각하게 생각하지도 않았습니다. 스스로 문제라고 생각하지 않는 것을 제가 문제라고 단정 짓고 게임중독자라는 편견을 조금이나마 가진 것이 미안했습니다. △△의 강점을 찾고 좋아하는 것을 지지해줘야 하는데 또다시 어른의 시각에서 편협한 생각을 하는 실수를 되풀이하고 있었습니다. 멘토링 수업을 받으러 온 △△을 다시 만났습니다.

"게임 말고 또 뭐 좋아해?"

"만화책 보기요."

"꿈은 생각해봤니?"

"프로게이머요."

생각해보면 만화책 보기도 제가 △△ 정도의 나이였을 때 많이 했던 것이었습니다. 누구나 공감할 수 있는 취미생활이라고 생각했습니다. 꿈을 이야기한 부분에서는 단순히 게임을 좋아해서 프로게이머라고 대답했는지, 게임과 관련된 직업을 잘 몰라서 그렇게 대답한 건지 궁금했지만 △△은 잘 모르겠다며 더 이상 말하지 않았습니다.

모든 에너지를 PC 게임이나 휴대전화 게임에 집중하는 △△가 걱정되기도 했지만 저도 어렸을 때나 지금이나 게임을 좋아하기에 문제라고 생각하지 않으려고 노력했습니다. 다만 이로 인해 학생의 본분인 공부에 소홀해지는 것에 대해서는 걱정이 되었습니다. 학습에 대한 흥미를 북돋아 주고 싶었지만 △△가 좋아하지 않아 시도하지 않기로 했습니다. 이렇게 △△과 만나고 헤어지는 관계를 하다 보니 시간이 훌쩍 지났습니다.

반갑지 않은 더위가 찾아오는 7월 어느 날, △△과 함께 멀리 국립극장으로 '노름마치' 공연을 볼 기회가 생겼습니다. 저는 인솔자로 동행했기 때문에 친구들과 함께 있는 △△과 이야기를 나눌 시간이 많지는 않았지만 △△가 친구들과 함께 있는 모습을 관찰할 수 있는 좋은 기회였습니다. 친구들과 함께 있어도 여전히 휴대전화에 눈을 떼지 못했지만 큰 목소리로 이야기하며 웃는 모습을 처음으로 볼 수 있었습니다.

돌아오는 길에 시간이 늦어져 △△를 집에 데려다 주게 되었습니다. △△가 하는 야구게임을 다운받아 같이 해보고 게임 이야기를 위주로 대화를 나눴습니다.

"선생님, 이거 해보세요."

"응. 완전 신기하다."

"재밌죠?"

"응. 우리 같이 맛있는 밥도 먹고 PC방 가서 게임도 같이 하자."

"네, 좋아요. 선생님이 엄마한테 전화를 해주셔서 허락 좀 받아주세요."

△△과 처음 만난 지 다섯 달 만에 진심을 이야기한다는 기분을 느낄 수 있었고 시간이 없다는 핑계로 △△에게 더 가까이 다가가는 노력을 많이 하지 못한 아쉬움이 컸습니다. 그래서 △△이 좋아하는 것에 관심을 갖고 함께 해보려고 했습니다.

💙 형제 그리고 가족

아주 무더운 7월 어느 날에 △△, △△의 동생과 함께 저녁을 먹게 되었습니다.

"뭐 먹고 싶니?"

"아무거나요. 우린 뭐든 잘 먹어요."

"그래도 먹고 싶은 게 있을 것 아니야?"

"진짜 아무거나 괜찮아요."

"그럼 너는 햄버거, 동생은 피자, 나는 치킨, 이렇게 정하고 가위바위보 하자."

△△가 이겨 햄버거를 먹으러 갔습니다. 처음 이야기를 나눠본 동생은 체구가 작았지만 형과는 반대로 적극적이고 쾌활한 성격에 당찬 면이 있었습니다.

동생은 주문한 음식이 나오자 선뜻 자기가 가져오겠다며 자리에서 일어났습니다. 햄버거를 갖고 온 동생은 형이 매일 게임만 한다고 귀엽게 푸념하면서도 프로게이머가 되어서 돈을 많이 벌면 좋겠다고 했습니다. 동생과 이야기하는 동안 △△은 열심히 먹고 웃기만 했습니다. △△의 가족과 웃고 떠들면서 자연스럽게 △△에 대해 더 많이 알게 되는 시간이 좋았습니다.

집으로 돌아가는 길에 티격태격 사소한 말다툼을 반복했지만 형제 사이의 정은 매우 끈끈해 보였습니다. 집 앞에서 △△의 어머니를 만났는데 △△에게 관심을 가져주는 것에 대해 정말 감사하다고 하셨습니다. 직장 때문에 아이에게 신경을 많이 못 써주는 걸 미안하게 생각하신다면서 나중에 식사를 꼭 같이 한번 하자고 하셨습니다.

이후 △△의 엄마와 문자 친구를 맺고 소년에 대한 이야기를 나눌 수 있게 되었습니다. 꾸준한 관심을 통해 관계를 조금씩 형성해 간다는 좋은 기분을 느낄 수 있었습니다.

♥ 아쉬운 작별

△△과의 만남은 계속 되었습니다. 공부를 좋아하지는 않았지만 멘토링 선생님과 성실히 공부하는 모습을 보여줬고, 잠깐씩 사무실에 와서 제게 장난을 치는 등 변화된 모습을 보였습니다.

그러던 어느 날 △△ 엄마의 SNS에서 우연히 자상한 아빠의 모습을 보게 되었습니다. △△은 아빠와 엄마의 관심과 사랑 속에서 잘 지내고 있었습니다. △△의 입장에서는 민감한 부분이라고 생각해 가족에 대해 자세히 물어보지는 않았지만 왠지 서운한 마음이 들었습니다. 아빠의 양육방임이 △△에게 상처를 줬을 거라고 생각하면서 △△과 관계를 맺어 왔기 때문에 그런 마음이 들었던 것 같습니다.

관심을 가져주는 것 외에는 △△에게 더 이상 해줄 게 없었습니다. △△의 가족들과 만나 민감한 가족 이야기와 현재 상황을 정확하게 여쭙고 사례관리를 진행해야 하는지 혼란스러웠습니다.

사례회의를 통해 동료 직원들과 고민을 나눈 끝에 지속적으로 관심을 쏟을 수 있는 청소년 담당 사회복시자에게 인계하고 사례를 종료하게 되었습니다.

♥ 소중한 깨달음

아직까지도 사례관리는 어렵습니다. 하지만 몇 달 사이에 키가

홀쩍 커 버린 까까머리 소년과의 짧은 만남을 통해 소중한 것을 배웠습니다. 사례관리의 핵심은 문제가 아니라 관계를 맺고 관심을 갖는 거라는 사실을 말입니다.

"△△아, 언제든지 선생님이 보고 싶으면 복지관으로 놀러 와. 우리 같이 게임도 하고 맛있는 것도 먹고 즐겁게 놀자. 그동안 정말 고마웠어. △△ 덕분에 선생님도 많이 배웠다. 항상 건강해라."

민철이와 함께한 1년

종이로 만난 민철이

"할머니가 아이에게 큰 관심이 없는지 영양상태도 불균형한 것 같고, 무엇보다 공부방에서 공부하는데 또래 친구들보다 많이 어려워하고 집중을 잘 못해요. … 봉사자 선생님도 그래서 너무 힘들어 하시구요. … 요즘은 학교에서 따돌림도 의심이 되고 있어요. … 전 담당선생님은 사례관리에 앞서 인테이크하고 계약을 맺었는데 바로 담당자가 바뀌었네요. … 우리 민철이 정말 심각합니다. 이제 곧 6학년이 될 텐데…. 아무튼 계속 ADHD 관련 검사만 알아보고 있었는데 검사 좀 받게 해주세요."

기초생활수급자로 70세가 넘으신 할머니와 정신지체 3급, 청각장애 6급인 아버지와 함께 살고 있는 초등학생 민철이에 대해 공부방 담임선생님에게 들은 내용입니다.

어머니는 중국 출신으로 민철이가 첫 돌을 맞기 하루 전 경제적 어려움을 이기지 못해 가출해 행방불명이었다가 몇 년 후 갑자기 찾아와 법적 이혼을 요구했습니다. 민철이 아버지는 장애로 정상적인 생활은 어렵지만 현재 폐지수집을 위해 밤낮으로 일하며 월 10만 원 정도의 수입이 있습니다. 하지만 자신감이 부족해 다른 일을 하고 싶은 의지가 전혀 없고 '지금' 이대로가 좋다고 하십니다. 그래서 아이를 돌보는 일은 온전히 할머니의 몫이었습니다.

서류와 공부방 담임선생님의 이야기로 처음 만난 민철이에게는 ADHD Attention Deficit/Hyperactivity Disorder: 주의력 결핍 및 과잉행동장애 검사도 필요하지만 이에 앞서 시행한 건강검진에서 약간의 이상을 보인 청각에 대한 정확한 진단도 필요했습니다.

아빠가 청각장애 6급이라 유전적 요인과 이로 인한 학습부진도 의심되었습니다. 마지막으로 민철이 몸에서 나는 냄새 때문에 가정에서 씻기 지도가 필요한 아이인 것 같았습니다. 서류로만 봤을 때는 문제만 가득 안고 있는 아이처럼 보였습니다.

💕 진짜 민철이를 만나러 갑니다

민철이는 거실과 부엌이 분리되어 있고 두 개의 방이 있는 3층

짜리 빌라 맨 위층에 살고 있었습니다. 더운 여름이라 선풍기 앞에 누워 텔레비전을 보고 계시던 할머니는 저를 위해 시원한 냉커피를 내어 주셨습니다. 얼마 전 복지관에서 진행하는 부모교육 프로그램에 참석한 할머니에게 공부방 담임선생님과 함께 인사를 해서인지 반갑게 맞아 주셨습니다.

할머니와 이야기를 나누던 중 민철이가 학교에서 돌아왔습니다. 씻는 모습을 직접 볼 수 있는 좋은 기회였습니다. 민철이는 찬물로 열심히 손과 발, 얼굴을 씻었지만 비누칠은 하지 않았습니다. 비누칠은 하지 않느냐고 묻자 그제야 비누를 들고 씻었습니다. 할머니께서는 요즘 씻는 데에 관심을 두고 계시며 직접 씻겨주기도 한다고 하셨습니다. 그러나 민철에게는 그냥 듣고 흘려버리는 잔소리인가 봅니다.

민철이는 이내 지능로봇을 가져와 자랑하기 시작했습니다. 학교에서 진행하는 특기적성수업의 한 과목이 있는데 건전지를 넣고 스위치를 켜면 앞으로 나가는 자동차 로봇을 만듭니다. 그 안에 수많은 전선과 납땜자국들이 있는 지능로봇을 제가 처음 봐서 그런지 몰라도 천재가 아닌가 싶었습니다. 민철이는 지능로봇 이야기를 하며 수학과 과학이 제일 좋다고 합니다. 그래서 꿈은 과학자가 되는 것이라고 했습니다.

"민철이는 선생님이랑 만나면서 가장 하고 싶은 건 뭐야?"

검사도 좋지만 함께 무언가를 하고 싶었습니다. 이야기를 하다

보니 제일 좋아한다던 수학시험 점수가 29점이라는 것을 알게 되었습니다.

그래서 "우리 함께하는 동안 성적을 좀 올려볼까?"라고 물었고 민철이는 좋아했습니다. 다음 시험에서는 50점까지 성적을 올려보기로 함께 다짐했습니다.

💕 조금 더 가까이

민철이는 책을 읽었다고 하지만 주인공이 누구인지, 무슨 내용이었는지 잘 이해하지 못합니다. 공부를 했다고 하지만 얼마 지나지 않아 공부를 못 했다고 합니다. 조금만 깊이 물어보면 솔직한 마음이 드러나 이내 거짓말을 들키고 맙니다. 대화를 많이 나눌수록 점점 더 미궁 속으로 빠지는 기분입니다. 그렇지만 오늘은 과학자가 되고 싶고, 내일은 축구선수가 되고 싶고, 또 다음 날은 회사원이 되고 싶은 꿈이 많은 소년입니다.

요즘은 공부방 친구들과 함께 11월에 있을 합창대회 연습에 한창입니다. 작년에도 합창대회에 참여했었는데 혼자 이상한 소리를 내며 화음을 이루지 못했지만 올해는 친구들과 함께 하나의 소리를 내고 있습니다.

여전히 산만한 경향은 있지만 작년에 비해서는 많이 좋아졌고 몸에서 냄새도 점점 나지 않았습니다. 그런 민철이의 모습을 지켜

보며 응원하는 마음으로 칭찬을 해줬습니다.

얼마 전 다시 받은 청각능력 검사결과는 '정상'이었습니다. 아버지의 청각장애 때문에 걱정스러웠는데 정말 다행이었습니다. 그리고 정신보건센터에서는 주의력 결핍 및 과잉행동장애 검사를 무료로 지원해주겠다고 했습니다. 할머니네 집으로 달려가 검사와 관련된 이야기를 했습니다.

검사를 신청하려면 본인이 신청서를 작성하고 준비서류를 구비해야 하는데 할머니가 적극적으로 도와주셔야 했습니다. 처음에는 검사를 꺼리셨지만 민철이의 더 나은 미래를 위한다는 생각으로 임해주셔서 우리는 함께 즐거운 마음으로 준비했습니다.

♥♥두근두근 첫 상담

오늘은 첫 검사일입니다. 상담으로 진행하는 초기 상담을 합니다. 주사가 무서워 친구들이 받는 혈액검사도 받지 않던 민철이가 긴장을 많이 했을 것 같았습니다. 할머니도 조금은 내키지 않는 듯 '왜 하는 건지', '하면 뭐가 좋은 건지' 자꾸만 물어보셨습니다. 저도 검사를 받아야 하는지, 말아야 하는지 계속 고민이 들었습니다.

당사자가 좋아하는 것을 하기도 전에 '진단'을 받고자 하는 저의 의도에 대해 의문이 들었지만 또래에 비해 산만하고 학습능력이 부진하며 친구들과 잘 어울리지 못하는 민철이의 문제가 무엇인지 알고 싶은 마음에 검사를 받으러 갔습니다.

민철이는 혼자 들어가 선생님과 1시간가량 이야기를 나눴고 선생님은 집과 나무, 가족 등 단순한 그림을 그리게 하면서 민철이의 심리상태를 파악하려고 했습니다. 나오자마자 "질문이 너무 어렵고 선생님이 너무 말이 많아"라며 투덜거리는 아이에게 수고했다고, 정말 잘 했다고 말해줬습니다.

민철이와 할머니를 데려다 주고 가려다가 할머니의 권유로 근처 칼국숫집에서 함께 저녁을 먹었습니다. 식사를 하며 본 민철이는 의젓했습니다. 할머니를 위해 문을 먼저 열어주고 컵에 물도 따르고 수저도 놓아줬습니다. 식사를 다 한 후에는 커피도 직접 타드리는 의젓한 꼬마였습니다. 먼저 식사를 마쳤다고 이리저리 돌아다니던 것만 제외하면 말입니다.

♥ 공부방 무단결석! 학교폭력?

방학이 되었습니다. 민철이는 PC방에서 게임을 하느라 공부방에 자꾸만 지각을 합니다. 결석도 잦아졌습니다. 공부방 담임선생님과 함께 약속을 해도, 할머니께 신신당부를 해도 상황은 나아지지 않았습니다.

그러던 어느 날, 민철이가 학교에서 형들에게 폭력을 당했다고 합니다. 민철이가 많이 다치지는 않았는지, 놀라지는 않았는지 걱정이 되어 저녁시간이었지만 민철이 집으로 달려갔습니다.

　최대한 침착하게 민철이와 마주 앉아 아무렇지 않은 척 과자를 먹으며 시시콜콜한 대화를 나눴습니다. 그러다 오늘 있었던 일을 물어보았고, 민철이는 담담하게 말했습니다.

　어릴 때부터 같이 놀던 6학년 형들이 교문 앞에서 기다리다가 500원을 달라며 괴롭혔는데 마침 500원도 없었고 돈을 빌린 적도 없기에 이러지 말고 앞으로도 그냥 친하게 지내자고 말했다고 합니다. 그렇게 형들에게 말하고 있는데 공부방에 함께 다니던 중학교 1학년 형이 나타나 6학년 형들에게 500원을 줘서 보냈다고 합니다. 민철이는 친한 형들의 괴롭힘이 무서웠지만 다시 형들과 친하게 지내자고 손을 내밀 것이라고 말합니다. 앞으로는 할머니께서 민철이의 귀가시간에 조금만 더 관심을 갖길 바랐습니다.

❤️민철이의 학습태도

'무엇이 나머지 공부를 하게 하는 걸까요?'

　그동안 공부방 담임선생님, 학교 담임선생님, 봉사자 선생님에게 말로만 들었던 학습능력 부진. 그리고 끝없는 나머지 공부의 시간들.

　또래에 비해 이해력이 떨어지고 문장을 이해하고 서술하는 능력이 뒤떨어진다는 것을 알고 싶었습니다. 그래서 함께 펜을 잡고 공부를 해보기로 했습니다.

민철이는 눈높이 선생님이 다녀간 뒤 일주일이 거의 다 지났지만 학습지에는 손도 대지 않았습니다. 수학은 척척 풀어내는 것 같았지만 문제가 긴 서술형으로 쓰인 문제 앞에서는 읽기도 전에 모른다고 했습니다. 국어는 지문을 읽지도 않고 지문 옆에 나온 그림을 보고 빈칸을 상상력으로 채워가고 있었습니다.

함께 문제를 차근차근 읽고 답을 찾으려고 했는데 민철이는 이해하지 못했는지 답을 고르지 못했습니다. 민철이는 공부를 잘 하고 싶다고 했지만 우리의 약속을 지키려거나 열심히 하려는 노력이 보이지 않았습니다.

학교에서는 어떻게 수업시간을 견디고 있을지 걱정도 되는 한편 매일 나머지 공부를 통해 민철이를 이끌어주시는 학교 담임선생님이 정말 감사했습니다. 지금처럼 관심 갖고 지켜봐 주시는 것이 가장 큰 힘이 된다고 말씀드렸더니 앞으로도 계속 관심과 사랑으로 함께 해주시겠다고 했습니다.

💕 두근두근 두 번째 검사

초기 상담 이후 민철이의 상태를 알 수 있는 두 번째 상담이 진행되는 날입니다. 첫 번째 상담이 있던 날 보호자가 직접 작성해야 하는 설문지가 있는데, OX 대답을 해야 하는 문항이 600문항가량

되었고 서술형 문제도 있었습니다.

힘들겠지만 청각장애와 지적장애가 있는 아빠에게 부탁했습니다. 고모가 도와주셔서 설문조사는 모두 완성되었지만 서술형 문제는 저와 함께 풀었습니다. 제대로 이뤄지는 것 같지는 않았지만 어떻게든 설문지를 완성해 그것을 바탕으로 2차 상담이 진행되었습니다.

두 번째 검사는 더 오래 걸렸습니다. 오랜 검사를 마치고 나온 민철이는 지쳐 있었습니다. 선생님께서는 결과를 들으러 병원에 올 때에 아버님도 꼭 함께 오라고 당부하셨습니다. 우리는 전처럼 저녁을 먹고 헤어졌습니다.

💕검사결과가 발표되는 날

일주일 뒤, 검사결과가 발표되는 날 할머니, 아버님과 함께 병원을 찾았습니다. 오늘은 많이 긴장되고 떨렸습니다. 선생님과 마주 앉았습니다.

"민철이는 전체 지능지수가 54로 '가벼운 정도의 정신지체' 수준에 해당되는 것으로 나타났습니다."

두둥! 가슴이 철렁 내려앉았습니다. 너무나 허무했고 민철이가 야속하기까지 했습니다. 그동안 약속한 것을 지키지 않고, A라고 할 때 B였던 것들, 매일 나머지 공부를 하지만 태도는 나아지지 않고, 너무나 쉽게 "모르겠다"라고 말한 행동들이 장애 때문이었나 생각이 들면 민철이에게 미안하고 안쓰러웠습니다. 그리고 할머니, 아빠, 고모 등 가족분들께 너무나 죄송했습니다. 이런 결과를 들으려고 했던 건 아니었는데….

민철이는 언어능력, 학습능력, 수리적 연산능력, 주의 집중력(단기주의 집중력, 주의의 폭 및 청각적 초점 주의력, 자극상황에서의 주의 유지력 등) 모두 정신지체 수준이었습니다.

사회적 상황에서 본질적인 부분과 비본질적인 부분을 변별하는 시각적 예민성, 추론능력에서도 정신지체 수준으로 나타나 판단이나 행동이 이뤄지는데 곤란하고 상황에 맞는 적절한 대처도 어려움이 있다고 했습니다. 그리고 정서 자극을 적절하게 다루지 못하고 좌절감, 우울증, 낮은 자존감도 드러났습니다. 작은 위협에도 방어적이고 자신만의 세계 안에서 고립되기도 합니다.

이는 불안정한 가정환경 속에서 어렸을 때 돌봄이나 정서적 지지를 제공받지 못한 점도 관련이 있다고 했습니다. 할머니와 아빠의 관계에서도 안정된 애착관계나 친밀감이 부족한 것으로 드러났습니다.

이제는 민철이가 아니라 할머니와 아빠의 변화가 필요했습니다. 물론 의사선생님께서 말씀하시는 모든 것을 이해하지는 못하셨습니다. 하지만 앞으로는 민철이에게 조금 더 따뜻하게 말하고, 조금 더 관심을 갖고 놀아주자고 서로 다짐했습니다. 꼭 지켜졌으면 좋겠습니다.

다음 날 고모와 함께 대화를 나눴습니다. 고모도 많이 당황스러워하셨고 안타까워하셨습니다. 앞으로 관심을 더 두고 대하겠다면서 민철이의 장애등록 여부에 대해서는 가족과 대화를 나눠보고 결정하겠다고 했습니다. 가족회의를 통해 가족이 함께 고민하는 시간을 기다리며 장애인 등록신청방법과 약간의 정보를 알려 드리는 것밖에 할 수 없었습니다.

♥️ 민철아, 또 보자

한 아이와 관계를 맺고 길다면 길고 짧다면 짧은 시간을 함께 했지만 사례관리를 잘 하지 못하는 신입직원이 아무것도 진행하지 못하고 이렇게 장애판정을 끝으로 마지막을 맞이했습니다. 이렇게 나아지지 않은 현실에 마주치면 어떻게 해야 하는지 여전히 잘 모르겠습니다.

고모는 한참을 고민하신 후 아이를 1년만 더 두고 본 다음 결정하겠다고 하셨습니다. 저는 그 의견을 존중했습니다. 그리고 2013년 2월, 민철이가 다니던 공부방이 더 이상 운영되지 않아 집에서 가까운 지역아동센터에 연계해 잘 부탁드린다는 말을 전했습니다. 그곳에서는 더 긴 시간을 함께 보내기 때문에 선생님의 더욱 따뜻한 관심과 사랑으로 하루하루 씩씩하게 성장하길 기대합니다. 가끔씩 안부를 물으며 민철이와 또 만날 날을 기다립니다.

　오늘은 과학자, 내일은 축구선수가 되고 싶은 꿈이 많은 민철이….
태권도를 좋아해서 겨울에도 태권도복을 입고 다니던 민철이….
『그리스 로마 신화』를 읽었지만 신을 만나보지 못한 민철이….
지능로봇에 푹 빠져 자랑스럽게 이야기하던 민철이….
친구들과 노는 것을 너무나 좋아하던 민철이….

　지금 생각해보니 민철이의 예쁜 모습만 기억이 납니다. 함께 한 시간은 너무나 즐거웠고 웃음이 가득했습니다. 하지만 더 많은 사랑을 주지 못한 것이 아쉽고 가족에게 큰 힘이 되어주지 못한 것 같아 미안하기만 합니다. 당시 처음 사례를 맡은 저에게 너무 어려운 사건의 연속이었고, 나아가야 할 방향을 찾지 못하고 헤매기만 한 것 같습니다.

　사례관리는 당사자가 지역사회 안에서 자연스럽게 살 수 있는 환경을 기반으로, 당사자가 할 수 있는 것을 함께 고민하고 실천하는 것이며 이왕이면 그 안에서 당사자가 하고 싶은 것, 좋아하는 것을 세워주며 긍정적인 변화를 이루는 것이라고 생각합니다.

　그 과정은 눈에 보이지 않는 변화를 기대하며 오랜 시간 동안 관심과 사랑으로 한 단계 한 단계 나아가는 아주 소중한 시간입니다.

또한 사례관리자가 재미있게 할 수 있거나 작은 변화를 이뤄낼 수 있는 능력에 맞는 사례를 만나는 것도 중요하다고 생각합니다.

조금은 특별한 만남

"민주야…."

"선생님…."

"안녕하십니까? 보호자 되십니까?"

"네. 이 아이가 다니는 복지관의 사회복지사입니다."

"얘네 가족들은 뭐하는 사람들입니까? 집에 전화하니 아빠한테 전화해서 말하라고 하고, 아빠한테 전화를 하면 받지도 않고…. 애가 특수절도로 경찰서에 있다고 해도 이러니, 아무튼…."

"아, 네. 죄송합니다. 죄송합니다."

민주는 친구들과 함께 PC방 등에서 수차례 절도행위를 벌이다가 경찰에 붙잡혀 저와 만나게 된 아이입니다.

가족들과의 관계

"다녀왔습니다."

"…."

민주네 식구는 할머니와 아버지 그리고 오빠 둘 이렇게 다섯 식구입니다. 하지만 민주가 학교에서 돌아와도 반갑게 맞이해주는 가족은 없습니다. 할머니는 보시던 텔레비전만 보고 계시고, 큰 오빠는 컴퓨터를 하느라 정신이 없습니다. 민주가 집에 들어왔지만 아무도 신경을 써주지 않습니다. 여전히 혼자입니다.

"야! 너 용돈 모아놓은 거 좀 있지?"

"응? 아니 없는데."

"참나, 웃기지마! 너 있는 거 다 봤거든. 잠깐만 빌려줘."

"없어! 있다고 해도 오빠 어차피 담배 사서 필 거잖아"

"닥쳐, 병신아! 담배 안 핀다고, 이제. 급한 일이 있으니까, 일단 줘 봐봐."

"없다고 했잖아!"

작은 오빠가 휴대전화로 친구와 통화를 하며 들어와 민주에게 돈을 내놓으라며 생떼를 부립니다. 민주는 혼자 울고 있습니다. 민주 아버지는 오늘도 술에 취해 집에 들어왔습니다. 한바탕 집안이 시끄러워졌습니다.

"저, 왔어요."

"니, 또 술 묵었나? 어찌 안 먹는 날이 없어!"

128

민주 할머니는 한숨만 나옵니다.

"이 자식은 아빠가 들어왔는데 인사도 안 해?"

"다녀오셨어요?"

민주 아버지는 술을 드시면 언성을 높입니다. 오늘도 예외는 아니었습니다. 민주의 도벽으로 오늘은 더 언성이 올라갑니다.

"야! 이리 나와! 오늘은 도둑질 안 했냐?"

"안 했어! 이제 안 한다고!"

"야! 너는 오빠가 되가지고 동생이 도둑질할 때 뭐 했어?"

"아, 진짜! 아빠는 뭘 했는데? 민주가 돈 훔치고 돌아다닐 때 관심이라도 가져봤어? 용돈이라도 줘봤느냐고? 쟤 내 동생이라고 하고 싶지도 않아. 쪽 팔려서!"

"아이고, 시끄러워! 드라마 안 들려, 죽겠네."

오늘도 민주는 가족과 함께 집에 있지만 늘 혼자입니다.

♥♥ 학교에서의 친구관계

"야! 야! 그거 들었어?"

"민주, 걔 도둑클럽에 가입되어 있데."

"헐, 대박."

"게다가 거기 클럽 짱이래. 장난 아니지?"

"장난 아니다. 진짜. 걔 꼴통일 때부터 알아봤어. 엄마도 없데."

"걔네 오빠도 맨날 술 먹고 담배 피고 애들 삥 뜯고 그러잖아."

"아, 짜증 나. 같은 반에 있는 것도 더러워."

"참, 어제 누가 MP3 잃어버린 거, 혹시 또 저년 짓 아니야?"

"헐, 대박."

"진짜."

학교에서 민주는 가정형편이 어렵고 공부는 잘하지 못하면서 도둑질을 한다는 소문이 퍼져 왕따를 당하고 있습니다. 학급에서 도난사건이 발생하면 친구들도, 선생님도 먼저 의심을 합니다. 오늘도 민주는 학교에 가지만, 늘 혼자입니다.

♥ 사례관리 방향에 대한 사회복지사의 고민

"다들 저를 좋아하지 않아요. 아무튼 가볼게요. 오늘 고맙습니다."

이 친구를 어떻게 도울 수 있을까요? 어떻게 접근을 해야 할까요? 고민입니다.

처음에는 청소년 전문기관과 사회복지 서비스를 연계해주는 것이 편하면서 신경도 덜 쓰고 눈에 띄는 실적까지 얻을 수 있다는 생각이 들었지만, 민주가 지금 살고 있는 지역사회에서 좀 더 잘살 수 있도록 가족, 학교, 친구, 지역의 어른들과 함께 도움을 주고 풀어가는 방법을 찾기로 했습니다. 이 방법이 오래 걸리겠지만 민주의 장래를 위해서 필요하다고 생각했습니다.

"안녕하세요. 전에 뵈었던 사회복지사입니다. 주말 저녁에 민주를 위해 함께 회의를 하려고 하는데, 와주실 거죠?"

"네, 복지사님. 참석하겠습니다. 제 딸아이 일인데, 시간 맞춰 가겠습니다."

"그래요. 분식집 하는 아줌마가 뭐 도움이 될지 모르겠지만, 일단 알겠습니다."

"알겠습니다. 혹시 회의하실 곳 없으시면, 저희 학원에 오셔서 하시죠."

술에 취하지 않은 민주의 아버님, 민주가 잘 가는 분식집 아주머니, 민주가 주일에 다니는 교회 전도사님, 민주가 다니고 싶어 하는 과외학원 원장님, 민주를 담당하는 보호관찰사 그리고 학교 담임선생님이 민주를 돕는 일에 동참해주셨습니다.

민주를 위해 처음으로 있었던 가족회의 때, 민주와 가족이 나눴던 이야기를 시작으로 모임에 참석한 분들이 민주를 돕기 위해 우리 동네 안에서 할 수 있는 각자의 역할에 관하여 서로 이야기하고 격려해줬습니다. 이제, 민주는 동네에 아는 사람이 생겼습니다.

♥️ 민주네 가족과 동네에서 일어나는 작은 변화

"선생님, 부르셨어요?"

"민주, 왔구나. 다른 건 아니고, 그냥 요즘 애들하고 어떻게 지내는지 해서….”

"아, 저번에 선생님이 오해 풀어주셔서 지금은 잘 지내요."

"그래, 무슨 일 생기면 혼자 고민하지 말고 선생님한테 도움을 청해. 알겠지?"

"네, 고맙습니다."

"그리고 민주야, 좀 답답해도 수업시간에 선생님 쳐다보는 거, 알지?"

"네. 꼭 지킬게요. 고맙습니다. 선생님."

아직까지 학교생활이 원만하지 않지만 민주를 이해하고 이야기를 나눌 수 있는 마음이 친구, 선생님, 민주 서로에게서 조금씩 싹트고 있었습니다.

"저, 저, 저, 민주야!"

"안녕하세요? 아주머니."

"응, 그래. 아까 할머니가 장사 금방 마치고 들어가시던데, 집에 무슨 일 있니?"

"할머니가 저번에 넘어지셔서 요즘 좀 몸이 불편하세요."

"으이구, 으째쓰까. 그나저나 너는 요즘 별일 없지?"

"네! 저 특별교육도 다 받았어요."

"그래, 욕봤네. 힘들었지? 어서 들어가고. 할머니한테 안부 전해 드리고."

"네. 안녕히 계세요."

이제는 동네를 지날 때면, 따뜻한 인사를 나누고 서로 안부를 묻고 민주의 머리도 쓰다듬어 주시는 아주머니도 생겼습니다.

학교에 오고 갈 때, 식구들도 민주에게 좋은 관심을 갖게 되었습니다. 먼저 텔레비전만 보던 할머니가 민주에게 관심을 갖기 시작했습니다.

"할머니, 가방 주고 들어가라니까."

"알았어. 가는 거 보고 들어간다니까."

컴퓨터만 하던 오빠도 할머니처럼요.

"어, 민주. 학원 가나?"

"응."

"나머지 공부하나? 오늘도 늦게 끝나겠네?"

"아마도…."

"끝나고 무서우면 집에 전화해. 내가 데리러 갈게."

"풉! 그래, 고마워!"

서툴지만 조금씩 관계가 좋아지고 있습니다. 물론 부모님께 혼나기도, 오빠들과 다투기도 합니다. 하지만 이런 모습 또한 가족입니다. 이제 민주는 집에서 더 이상 혼자가 아닙니다.

"진짜 어렵다."

"민주야, 다 풀었어?"

"너무 어려워요. 애들은 다 풀었던데…."

"아니야. 민주가 그동안 공부를 좀 안 해서 그렇지, 금방 따라 잡

을 수 있어. 오늘 선생님이 한 시간 더 알려줄게. 좀 더 하고 가라,
알겠지?"

"원장님. 고맙습니다. 저 땜에 맨날 늦게 가시고…."

"아니야. 너 성적 오르는 거 보는 재미에 좋아서 하는 거야."

학교 공부는 아직 따라가지 못하지만 민주도 나름 노력하고 있
습니다. 학원장님도 다른 아이보다 민주에게 좀 더 관심을 가져
주십니다. 1년 후 민주의 학교 성적이 궁금해집니다. 민주를 응원
합니다.

'사례관리'. 우리 기관에서는 당사자나 가족에게 필요한 복지자
원이 있으면 지역사회에 있는 자원을 활용하여 '더불어 삶'을 이루
도록 꾸준히 돕는 활동이라고 합니다.

사례관리를 할 때 당사자가 문제라고 인식하지 않은 것에는 개
입하지 말라고 합니다. 그래서 처음에는 민주의 가족에게 접근하
기가 힘이 들었습니다. 그 가족 안에서는 무관심이 큰 문제가 되지
않았기 때문입니다.

시간이 지나면서 '문제는 아니지만 그래도 민주네 가족이 행복
할 수 있는 방법을 함께 고민하자'라는 생각을 했습니다. 그래서
이야기를 통해 우리 관계에서 서로가 이루고 싶은 것, 그렇게 하기
위해 어떤 노력을 해야 할지 조금씩 약속을 지키는 그 과정에 집중
했습니다. 그러자 민주와 민주의 주변이 조금씩 변하기 시작했습

니다.

물론 민주네 가족의 문제가 모두 해결되었다고 보기는 어렵습니다. 하지만 가족이 함께 노력하는 모습, 동네 사람들까지 더불어 사는 것에 관심을 갖는 모습 등이 민주와 사례관리자인 제가 힘을 낼 수 있도록 해줬습니다.

민주에게 관심을 가져주시고 자연스럽게 관계를 맺어주신 가족들, 분식집 아주머니, 전도사님, 원장님, 담임선생님 등께 정말 감사드립니다.

'나무가 나무에게 말했습니다. 우리 더불어 숲이 되자.'

오늘 문득 신영복 선생님의 글에서 더불어 사는 방법을 배웁니다.

♥️에필로그

아침에 일어나면 생각나는 엄마 같은 복지관,

힘든 일이 있을 때 생각나는 친구 같은 복지관,

우리 복지관은 그런 이웃사촌과 살기 좋은 동네를 꿈꿔 왔습니다.

먼저 찾아가는 사회복지사,

웃으며 인사 잘하는 사회복지사,

무엇이든 물어보고 의논하는 사회복지사,

고마운 것에 감사하는 사회복지사가 되고자 늘 다짐했습니다.

"함께라서 좋은 세상, 우리가 만들어 갑니다."

어느덧 봄입니다. 사회복지사업을 실천하면서 좌충우돌하며 넘어지고 실망하고 포기할 때도 있었지만 언제나 다시 일어서고 "우리가 가는 길이 맞다"라며 억지를 부리면서 2013년을 맞은 게 엊그제 같았는데 말입니다.

뒤돌아 생각해보니 '2013년 부흥복지관'이 '2008년 부흥복지관'보다 더 많이 성장하고 더 많이 성숙했음을 발견합니다. 그리고 마음 한구석에 남모를 뿌듯함과 자랑이 자랍니다.

어찌할 바도 모르면서 무작정 안양(평촌)지역을 구석구석 살피고 사람들을 만나며 우리 동네의 문제와 해결방법을 함께 고민한 시간이 한 편의 영화처럼 지나갑니다.

형편이 나아서 돕는, 당장은 어렵지만 나누는, 사회복지사의 말에 혹해서 나누는, 잘 모르지만 좋은 일이라며 나누는, 원래 남 돕기를 좋아해서 나누는 그런 우리 동네 사람들이 있어서 생활은 불편하지만 그래도 아직은 살 만함을 느낍니다.

사례관리 대상자와 유형별로 개입하는 방법과 아이디어를 실천 사례로, 글로 남겨 책으로 나누고자 합니다. 우리 복지관이 남들보다 잘해서 나눈다면 부끄럽기 짝이 없습니다. 실천하다 보니 좋은 것을 얻어서, 실천하다 보니 이런 좋은 방법이 있어서 사회복지에 관심 있는 분들과 함께 경험과 아이디어를 나누고 더 나은 생각을 듣고자 함이라 생각해주시면 감사하겠습니다. 좋은 것을 받아들이고 나쁜 것은 개선하여 좀 더 나은 방안을 함께 찾아가겠습니다.

사례관리를 실천하면서 사회복지사로서 윤리에 어긋남이 없기 위해 공부하고 의논했습니다. 항상 대상자의 자주성自主性과 공생성共生性을 생각하며 실천하고자 고민했습니다. 그리고 지키려고 노력했습니다. 하지만 사례관리를 실천하는 과정에서 본의 아니게 사람을 관리하는 데서 오는 오만함도 있었습니다. 때론 사회복지 자원을 개발하고 나누는 과정 중에 대상자 위에서 권한을 남발하는 교만함도 있었습니다. 깊이 반성합니다.

같은 실수를 반복하지 않기 위해, 좋은 것들은 좀 더 발전시키기 위해 기록해 남기고자 합니다. 기록하고 실천하기를 반복하다 보면 알게知 되고 깨닫게覺 된다고 『도덕경道德經』에서 봤습니다.

'거거거중지 행행행리각去去去中知 行行行理覺.'

사람들은 누구나 하나 이상의 문제를 안고 살아가지만 대부분은 스스로 문제를 해결하며 삽니다. 가족과 함께, 부모와 함께, 형제·자매와 함께, 이웃과 함께. 경제가 어렵고 살기 힘들다고 뉴스에서 걱정스럽게 이야기하지만 우리네 삶은 여전히 살만하다고 생각합니다. 하지만 우리 이웃 중에는 소위 비빌 언덕이 없는 사람들도 있습니다. 그래서 더 어려움을 크게 느끼는 것 같습니다.

우리 복지관의 사례관리는 '비빌 언덕'이 되고 싶습니다. 서로 몸과 마음을 부비며 살아가는 살맛 나는 동네를 지역주민과 함께 만들고 싶습니다. 감사합니다.

— 이훈 **안양시부흥종합사회복지관 관장**

부록

Social Welfare

1. 집중사례관리 초기면접 사례

2. 생활영역 체크리스트

1. 집중사례관리 초기면접 사례

in-take 접수

기본사항	성명	이○○(○○세)		성별	여	주민번호	○○○○○○-2○○○○○
	현주소	○○동 ○○아파트 ○○○동 ○○○○○호			(☎ ○○○ - ○○○ - ○○○)		

가족사항	관계	성명	생년월일	직업	주소	비고(월 소득 등)
	손자	이○○		-		
	이하 여백					

보호형태		
	☑ 국민기초생활수급권자　　□ 실비보호대상자　　□ 기타( )	
	동거실태	□ 독거노인　　□ 노인 2인 가구　　☑ 기타(손자와 거주 - 친손자는 아님)
	주거형태	□ 자가　　□ 전세　　□ 월세　　☑ 영구임대　　□ 기타( )
	주거환경	☑ 청결　　□ 보통　　□ 불결

건강상태		
	질환명	□ 뇌졸중　☑ 고혈압　□ 심부전증　□ 폐렴　□ 폐결핵　☑ 관절염　□ 신경통 □ 백내장　□ 녹내장　□ 골다공증　□ 당뇨　□ 치매　□ 기타( )
	장애상태	장애 □ 유　무☑ □ 시각장애　□ 청각장애　□ 언어장애　□ 신체장애 (급)

주요문제	□ 경제문제　☑ 건강문제　□ 주택문제　☑ 수발문제　□ 정신건강　☑ 이동문제 □ 가족문제　□ 자녀문제　□ 대인관계　□ 법률문제　□ 사회지원　□ 시설입소 □ 기타문제 ( )

필요한 서비스 내용	☑ 가사서비스(<u>세탁, 부엌일, 청소</u>, 식사배달, 집수리, <u>밑반찬</u>, 당뇨식, 공휴일급식, <u>중식</u>) ☑ 간병서비스(병간호, 병수발, 병원이동, <u>투약관리</u>) □ 정서서비스(말벗, 정서지지, 안부전화) □ 결연서비스(경연가족, 결연후원, 긴급현물) ☑ 위생서비스(<u>목욕</u>, <u>세탁</u>, 이미용) □ 기타서비스(노인대학, 경로당, 노인보호센터)

기타사항	(본 기관에서 받고 있는 서비스내용) 석식밑반찬, 목요밑반찬, 이미용서비스, 세탁서비스, 가사도우미서비스
상담자 의견	내담자는 결혼을 한 이후 젊었을 때부터 부유하게 살았기 때문에 가사활동을 전혀 해보지 않았다고 하신다. 지금은 고령으로 활동이 많이 힘드시기도 하지만 가사활동 경험이 없는 내담자는 더 많은 도움이 필요한 것으로 보인다. 내담자는 요양보호사가 목욕이나 가사를 도와주고 있고 복지관에서 주 2회 자활어머니가 활동하여 가사서비스를 받고 있다. 요양보호사와 만나서 사례관리의 취지를 알리고 협조할 부분에 대해 상담을 할 필요가 있을 것으로 보인다.

140

한국형 일상생활 기능평가

조사일: 20○○년 ○월 ○○   케이스 번호: 3○○-1○○○   성명: 이○○(95세)

구 분	항 목	1	2	3	4
K-ADL	1) 옷 입기		✔		
	2) 세수하기		✔		
	3) 목욕			✔	
	4) 식사하기	✔			
	5) 이동	✔			
	6) 화장실 이용	✔			
	7) 대소변 조절	✔			
K-IADL	1) 몸단장	✔			
	2) 집안 일				✔
	→ 추가질문		✔		
	3) 식사준비		✔		
	→ 추가질문				
	4) 빨래하기			✔	
	→ 추가질문				
	5) 근거리 외출	✔			
	6) 교통수단이용				✔
	7) 물건사기(쇼핑)				✔
	8) 금전관리			✔	
	→ 추가질문				
	9) 전화사용			✔	
	10) 약 챙겨먹기			✔	

한국형 일상생활 기능평가(K-ADL) 및 도구적 일상생활 기능평가(K-IADL)에서 점수가 높을수록 일상 생활 기능이 떨어진다고 볼 수 있습니다.

2. 생활영역 체크리스트

생활영역 체크리스트

※ 1: 매우 아니다, 2: 아니다, 3: 그렇다, 4: 매우 그렇다

이 름		성 별		학 년		
교사명		기록일		관찰기간		

영 역		관찰 내용	아 동				교 사			
일상생활	정리정돈	개인 학습지, 필기구, 신발, 가방 등의 물건을 잘 정리정돈 합니까?	1	2	3	4	1	2	3	4
		공동사용물품(필기구, 미술용품, 보드게임, 책 등)을 사용 후 제자리에 잘 정리합니까?	1	2	3	4	1	2	3	4
		쓰레기는 스스로 쓰레기통에 버립니까?	1	2	3	4	1	2	3	4
	질서	학습이나 놀이 시 자신의 순서를 지켜 활동합니까?	1	2	3	4	1	2	3	4
		자율적으로 공부방 내의 규칙을 따라 행동합니까?	1	2	3	4	1	2	3	4
	예절	교사와 봉사자에게 예의 바르게 인사합니까?	1	2	3	4	1	2	3	4
		교사와 또래 친구들과 대화할 때 바른 말, 고운 말을 사용합니까?	1	2	3	4	1	2	3	4
		바른 자세로 학습이나 놀이에 참여합니까?	1	2	3	4	1	2	3	4
		목소리와 행동 조절을 하여 다른 친구들의 활동을 방해하지 않습니까?	1	2	3	4	1	2	3	4
		다른 친구를 위해 자신의 것을 양보할 줄 압니까?	1	2	3	4	1	2	3	4
합 계(40점 만점)			점				점			
위생영역	손씻기 / 양치질	간식이나 식사하기 전, 활동이 끝난 후, 항상 손을 깨끗이 닦습니까?	1	2	3	4	1	2	3	4
		하루 세 번 이상 양치질을 합니까?	1	2	3	4	1	2	3	4
		손톱이 길거나 때가 끼어있진 않습니까?	1	2	3	4	1	2	3	4
	머리/ 목욕	이틀에 한 번 이상 머리를 감습니까?	1	2	3	4	1	2	3	4
		머리에 이가 없습니까?	1	2	3	4	1	2	3	4
		하루에 한 번 이상 머리를 빗어 단정하게 유지하고 있습니까?	1	2	3	4	1	2	3	4
		일주일에 4번 이상 샤워(목욕)를 합니까?	1	2	3	4	1	2	3	4
	의복	계절에 맞는 옷과 신발을 착용하고 있습니까?	1	2	3	4	1	2	3	4
		옷의 상태는 온전하고 깨끗합니까?	1	2	3	4	1	2	3	4
		신발의 상태는 온전하고 깨끗합니까?	1	2	3	4	1	2	3	4
합 계(40점 만점)			점				점			
안전영역	시설이용	계단을 뛰지 않고 걸어서 이용합니까?	1	2	3	4	1	2	3	4
		복도나 교실에서 뛰지 않고 공부방 내 시설을 바르게 사용합니까?	1	2	3	4	1	2	3	4
	놀이안전	위험한 도구(칼, 가위 등)를 바르게 다룰 줄 압니까?	1	2	3	4	1	2	3	4
		친구들과 위험하지 않은 놀이를 합니까?	1	2	3	4	1	2	3	4
	전기사용	전기콘센트나 전기제품을 올바르게 사용합니까?	1	2	3	4	1	2	3	4
합 계(20점 만점)			점				점			
총 점(100점 만점)			점				점